Renate und Fridhelm Volk

Kochen mit Kräutern

127 Farbfotos
von Fridhelm Volk

Ulmer

Inhalt

Vorwort 4

Verwendung von Kräutern 6

Rezepte 8
- Suppen 10
- Salate 22
- Vorspeisen und kleine Gerichte 25
- Vegetarische Hauptgerichte 36
- Hauptgerichte mit Fleisch 48
- Hauptgerichte mit Fisch 55
- Kalte Soßen 59
- Warme Soßen 65
- Kräuterbutter 67
- Desserts 69
- Kräuter konservieren 73

Kräuter von A bis Z 78
- Porträts aller Kräuter 80
- Kurzbeschreibungen von selten verwendeten Kräutern und Mischkräutern 116
- Alle Kräuter im Überblick 118

Anhang 122
Literatur 122
Register für Rezepte 123
Register für Kräuter 125
Impressum 127

Vorwort

Kräuter sind die Zauberkräfte in der Küche. Sie machen aus Nahrungsmitteln Delikatessen und bringen Gesundheit auf den Tisch. Bereits im frühen Frühjahr ab Februar erscheinen die ersten Wildkräuter: Der Wiesenschnittlauch zeigt sich kräftig dunkelgrün auf dem fahlen Winterrasen und im März erscheint der hoch beliebte Bärlauch in den Wäldern. Jetzt ist die Zeit für eine Vitaminkur gegen Frühjahrsmüdigkeit. Wer gerne kocht, kann auch eigene Kräuter ziehen: Im Garten, auf Balkon und Fensterbank, in Töpfen oder Kästen.

Wild- und Gartenkräuter sind bekanntlich ergiebige Träger von Vitaminen, ätherischen Ölen, Mineralstoffen und mannigfaltigen Wirkstoffen, die als Heilmittel gelten oder zu solchen verarbeitet werden.

Es gibt unzählig viele essbare Kräuter. Einige davon sind heute fast vergessen. Die heutigen Qualitätsansprüche bezüglich Aroma, Ergiebigkeit und Zubereitungsaufwand sind anders als in früherer Zeit. Es lohnt sich aber, die Vielfalt der essbaren Kräuterpflanzen kennen zu lernen, auch wenn manche nicht sehr ergiebig sind und nur als Mischkraut zur Geltung kommen. In jedem Frühjahr und Sommer gibt es von Fachleuten geführte Kräuterwanderungen durch Wälder und Wiesen, bei denen sich viel dazulernen lässt.

In diesem Buch werden zahlreiche Wild- und Gartenkräuter und ihre Verwendung in der Küche vorgestellt. Im Kapitel **Rezepte** erfahren Sie alles über die Verwertung von Kräutern in zahlreichen erprobten Rezepten sowie über ihre Konservierung und Aufbewahrung. Im Kapitel **Kräuter von A–Z** finden Sie nicht nur alles Wichtige zu Aussehen, Erntezeit und Standort der Kräuter, sondern auch Informationen über ihre Verwendung, ihren Gesundheitswert und ganz spezielle Eigenschaften.

Die beste Zeit für Kräuter ist das Frühjahr und der Sommer, aber durch die Vielzahl von Gewächshäusern, Wintergärten und Auslandsimporten erhält man etliche Würzkräuter ganzjährig frisch auf dem Markt. Wer sich einen guten Vorrat anlegt, etwa in Form von Trocken- und Tiefkühlkräutern, Kräutersalz, Kräuteressig und Kräuteröl, ist immer gut vorbereitet.

Renate und Fridhelm Volk
Stuttgart, im März 2002

Verwendung von Kräutern

Kräuter sind nicht zu übertreffen in ihrer Vielseitigkeit. Wild- und Gartenkräuter kommen in der Küche sowohl als **Gemüse- und Salatkräuter** als auch als reine **Gewürzkräuter** zum Einsatz. Eine besondere Spezialität ist natürlich der **Spinat aus Wildkräutern.**

In jüngster Zeit genießen frische Kräuter wachsendes Ansehen als Geschmackslieferanten bei Hobby- und Spitzenköchen, die mit ihnen wahre Gaumengenüsse zu zaubern wissen. Es lohnt sich mit Fantasie eigene Rezepte auszuprobieren. Man staunt, welch schmackhafte, genüssliche Ergebnisse dabei herauskommen.

Von besonderer Bedeutung ist der hohe **Gesundheitswert** frisch geernteter Kräuter, der direkt aus der Natur kommt. Kräuter wirken appetitanregend, verdauungsfördernd, beruhigend, belebend, blutreinigend und noch vieles mehr. Darüber hinaus gewinnt man aus ihnen vielfältige Grundstoffe für Heilmittel in der Medizin.

Blätter sind die am häufigsten verwendeten Pflanzenteile. Oft sind aber auch **Stängel, Wurzeln, Triebe, Knospen, Blüten, Früchte** oder die **ganze Pflanze** zu verwenden – zum Beispiel für Fonds und Marinaden.

Die beste Zeit für die **Ernte** der Blätter und Stängel ist am Vormittag, für Wurzeln morgens und abends, für Früchte und Samen ganztags und für Blüten nur bei Sonnenschein. Am schonendsten geschieht die Ernte mit der **Schere** oder man zupft die gewünschte Menge mit den Händen. Zur Reinigung genügt eine Kurzdusche, sonst leidet der Geschmack. Wildkräuter sollte man nicht neben Autostraßen und auf überdüngten Wiesen suchen. Gartenkräuter erhalten geeignete Erde und ab und an eine natürliche Düngung.

Am besten und gesündesten sind Kräuter **direkt nach der Ernte**. Sie behalten am meisten Aroma- und Nährstoffe, wenn sie wenig oder nicht gegart werden, denn alle Pflanzen verlieren an Wert und Geschmack durch Erhitzen oder Haltbarmachung. Nur wenige Kräuter gewinnen durch **Konservierung** an Aroma. Viele verändern ihren Geschmack oder sind nicht zur Konservierung geeignet, zum Beispiel Kresse, Sauerampfer und Sauerklee.

Es gibt verschiedene Formen der Konservierung. Man kann die Kräuter selbst **trocknen**. Trockenkräuter gibt es in **gerebelter Form**, als **Pulver** oder **Kräutersalz** auch zu kaufen. Petersilie und Dill beispielsweise eignen sich besser zum **Einfrieren**. Getrocknet und eingefroren kann man **Kräutermischungen** selbst herstellen oder kaufen. Solche Mischungen geben Speisen ein rundes, ausgewogenes Aroma. Zudem gibt es unzählige Fertigmischungen **in Öl** oder als **Paste**. Sie sind von Vorteil für die schnelle Küche. Nur sollte man sie wie alle Nahrungsmittel kennen und prüfen, denn die Fertigprodukte unterscheiden sich sehr. Bioprodukte aus natürlichem Anbau erobern zu Recht immer stärker den Markt. Gesunde Küche ist eine Kunst. Zutaten, Gewürze und vor allem Kräuter sollen nicht nur nach Angaben verwendet werden, wichtig ist das Fingerspitzengefühl. Dies gilt auch für die richtige Wahl bei Sahne, Essig, Öl etc.. Gute Zutaten im richtigen Verhältnis führen zur Vollendung der Gaumenfreuden. Es schmeckt jedesmal ein bisschen anders, aber immer hervorragend. Gute Laune beim Kochen bringt gute Stimmung bei Tisch. Die natürliche und gesunde Küche ist grundsätzlich bemüht ohne den Geschmacksverstärker Glutamat auszukommen, da er von manchen Menschen nicht vertragen wird. Mit Liebstöckel, Sellerie, Petersilie und anderen Kräutern können Mischungen hergestellt werden – frisch, getrocknet, als Pulver oder mit Salz – die ein **glutenfreies Aroma** liefern. Auch aus der Senfpflanze und dem Maggipilz lassen sich schmackhafte Würzen herstellen. Kleine Wunder lassen sich durch **Kräutermarinade, Kräuteressig und -öl** bei Salaten, Fisch, Fleisch und Käse erzielen.

Die Rezepte im Buch sind hergestellt aus Wildkräutern, die in unserer mitteleuropäischen Klimazone zu finden sind, und aus Gartenkräutern, die man meist auch auf dem Markt bekommt. Ein Küchentipp, der nicht überall bekannt ist: Junge **Gemüseblätter** von Rote Beete, Kohlrabi, Radieschen, Blumenkohl, Sellerie und vielen anderen lassen sich wie Gartenkräuter zu Soßen, Suppen, Dips und Dressings verarbeiten.

Alle Ernährungslehren, östliche und westliche, Ayurveda, Tibeter, Bircher-Benner und weitere nennen Kräuter in Form von Gemüse, Gewürzen oder Salat als wesentlichen Bestandteil ihrer Gesundheitslehre.

Ein unangenehmes, aber wichtiges Thema ist der Fuchsbandwurm. Wer sicher gehen will, muss alle Kräuter, die in Wald, Feld oder Garten gewachsen sind, wenigstens kurz mitkochen.

Bei Wildkräutern sollte man beachten, dass einige Pflanzen bedroht oder gebietsweise geschützt sind und nicht gepflückt werden dürfen. Außerdem sollte man immer nur für den eigenen Bedarf ernten, damit genügend Kräuter für Gleichgesinnte und für die natürliche Vermehrung zurückbleiben.

Rezepte

Die Rezeptangaben sind jeweils für 4 Personen

Suppen

Kräuterbouillon

Eine einfache, reine Kräuterbouillon ist schnell herzustellen.

- 4 Esslöffel Liebstöckel
- 4 Esslöffel Selleriekraut
- 1/2 Zwiebel
- 1 Karotte
- Salz, Zucker
- 1 Prise Peperonipulver
- etwas Balsamico-Essig
- 1 l Wasser

Die Kräuter und Gemüse sehr fein hacken oder mixen. In Salzwasser mit Peperoni aufkochen und 15–20 Minuten weiterköcheln lassen. Mit etwas Zucker und Balsamico-Essig abschmecken – fertig. Nach Bedarf durch ein Sieb geben. Bei Verwendung von Trockenkräutern reichen jeweils 2–3 Esslöffel.

→ Diese Kräuterbouillon ohne Glutamat ist eine gute Basis für die Herstellung von klaren Suppen mit Einlage (Flädle, Maultaschen, Klößchen).

Grüner Eierstich

- 2 Eier
- 20 g Kräuter: Petersilie, Schnittlauch, Dill, Pimpinelle, Estragon, Liebstöckel
- 1/8 l Milch
- Salz, Selleriesalz
- Worcestersoße
- 1 l Kräuter- oder Gemüsebouillon

Die Kräuter sehr fein wiegen – je feiner der Kräuterbrei, desto grüner der Eierstich. Eier, Milch und Kräuter gut durchschlagen und würzen. In eine kleine feuerfeste, gefettete Form füllen und im heißen Wasserbad 25–30 Minuten ziehen lassen. Das Kräutergrün setzt sich etwas ab, was man beim Schneiden in Würfel oder besser in Stäbchen berücksichtigen sollte, damit auch überall Grün dabei ist. In klaren Suppen servieren und mit Pimpinelle, Schnittlauch oder Petersilie bestreuen.

Wontan-Suppe (Foto rechts)

Klare Suppe

- 2 Esslöffel Sesamöl
- 1 kleine Möhre in dünnen Streifen
- 2 Schalotten
- 3 Knoblauchzehen, gepresst
- 3 Stangen Zitronengras, geschnitten
- 3 Esslöffel Koriandergrün oder Schwarznessel, gehackt
- 1 l Gemüsebrühe
- Curry

Wontan-Taschen

- 20 Wontan-Teigblättchen
- 3 Esslöffel Koriandergrün, gehackt
- 3 Esslöffel Zwiebeln, gehackt
- 2–3 Esslöffel Ingwer, gepresst
- 20 Shrimps oder Garnelen
- Butter
- Salz, weißer Pfeffer

Schalotten und Knoblauch in Öl weichdünsten, mit Brühe aufgießen und zum Köcheln bringen. Nach 10 Minuten Zitronengras, Möhrenstifte und Koriandergrün hinzugeben. Mit

Curry würzen und weitere 10 Minuten köcheln. Dann die Einlagen abschöpfen oder durchsieben. Inzwischen die Wontan-Blätter auf einem Brett mit Mehl ausbreiten. Aus gehacktem Koriandergrün, Ingwer, Zwiebeln und Butter eine Masse herstellen. Mit einem Häufchen dieser Masse und je einer Garnele eine Wontan-Tasche füllen. Dann die Ränder mit Wasser bestreichen und fest zu einer Tasche zusammendrücken. Die fertigen Taschen in die Brühe geben und einige Minuten ziehen lassen.
Der Wontan-Teig muss aufgetaut sofort verwendet werden, sonst wird er hart.

Frühlings-Wildkräuter-Suppe
Sommer-Wildkräuter-Suppe
- 80–100 g junge, gehackte Wildkräuter:
  Frühling: Spitzwegerich, Hirtentäschel, Sauerampfer, Brennnessel, Liebstöckel
  Sommer: Brennnessel, Giersch, Gundelrebe, Sauerampfer, Selleriekraut, Schafgarbe
- 20 g Butter oder Öl
- 1/2 Zwiebel, gehackt
- 1 Karotte, gewürfelt
- 1 l Gemüse- oder Kräuterbouillon
- 1 Teelöffel Zitronensaft
- 100 g Sahne oder Crème fraîche
- 1–2 Eigelb
- Salz, Pfeffer
- 2 Prisen Zucker

Zwiebel und Karotte in der Butter anschwitzen. Alle Kräuter kurz mitdünsten und mit der Brühe aufgießen. Aufkochen, 10–15 Minuten köcheln lassen und pürieren. Zitrone zufügen und vom Feuer nehmen. Die Eigelbe mit der Sahne verquirlt in die Suppe einrühren und mit Salz und Pfeffer abschmecken. Sofort servieren.
→ Anstatt mit Zitrone kann auch mit Weißwein abgeschmeckt werden. Geschlagene Sahne bringt mehr Volumen.

Kartoffel-Kräuter-Suppe
- 1 kleine Gemüsezwiebel
- 1 l Wasser oder dünne Kräuterbouillon
- 400 g Kartoffeln
- 2 Esslöffel Liebstöckel, gehackt
- 2 Esslöffel Majoran, gehackt
- 3 Esslöffel Bohnenkraut, gehackt
- 5 Esslöffel frische Kräuter, gehackt:
  Gartenkräuter: Zitronenmelisse, Pimpinelle, Petersilie, Kerbel, Portulak, Borretsch
  Wildkräuter: Spitzwegerich, Gundelrebe, Brennnesselspitzen, Knoblauchsrauke, Sauerampfer, Gänseblümchenblätter
- 3 Esslöffel Öl oder Butter
- Zucker, Kräutersalz

Zwiebel und gewürfelte Kartoffeln in Öl andünsten, mit Wasser ablöschen, mit Zucker und Kräutersalz würzen und 15 Minuten köcheln. Alle Kräuter beigeben und 10 Minuten weiterköcheln. Abschmecken, wenn nötig etwas nachwürzen.
→ Diese Suppe schmeckt auch mit Trockenkräutern. Wenn Liebstöckel, Majoran und Bohnenkraut getrocknet sind, erhält die Suppe einen kräftigeren Geschmack. Püriert schmeckt sie noch etwas feiner.

Feine Kerbelsuppe
(Foto rechts)
- 40 g Kerbel, fein gehackt
- 40 g Petersilie, fein gehackt
- 1 l Gemüse- oder Kräuterbouillon
- 2 Esslöffel Weißwein
- 2 Eigelb
- 2 Esslöffel Crème fraîche
- Salz, weißer Pfeffer
- einige Tropfen Zitronensaft
- in Butter geröstete Weißbrotwürfel

Gemüsebrühe aufkochen, Weißwein und gehackte Kräuter zugeben. Unter Rühren die Suppe aufkochen und 5 Minuten weiterköcheln lassen. Das Eigelb mit der Crème fraîche vermischen und in die Suppe einrühren. Unter ständigem Rühren ganz kurz weiter erhitzen und mit Salz und Pfeffer abschmecken. Die gerösteten Brotbröckchen und einige Kerbelblätter auf die Suppenteller verteilen und servieren.

Gemüsesuppe mit Kresse
- 1 mittelgroße Aubergine
- 1/2 Zwiebel, in Ringe geschnitten
- 1 Zucchini, gewürfelt
- 1 mittelgroße Möhre, gewürfelt
- 1 Esslöffel Olivenöl
- 2 Knoblauchzehen, zerdrückt
- 250 g Joghurt mild
- 1 l Hühnerbouillon
- 80 g Gartenkresse, fein gehackt
- Einige Basilikumblättchen
- Salz, Selleriesalz

Die Auberginen in Scheiben schneiden, mit Olivenöl einpinseln, in einer Pfanne von beiden Seiten goldgelb anbraten, eventuell von der Haut befreien und klein schneiden. Auberginen, Zwiebeln, Möhren, Zucchini und Knoblauch in der Bouillon zum Kochen bringen und bei mittlerer Hitze 15 Minuten köcheln, dann pürieren. Joghurt und Butter in die Suppe geben, langsam erhitzen und erneut pürieren. Mit Selleriesalz und Salz abschmecken. Ganz zum Schluss die gehackte Kresse untermischen, mit Basilikum bestreuen und sofort servieren.

Lauch, Schalotten, Lorbeerblatt und Bockshornklee in Öl andünsten, Hühnerbouillon und 200 g Sahne angießen und 30 Minuten köcheln. Die Suppe durch ein Sieb gießen, die Kresse sehr fein hacken oder wiegen und in die durchgesiebte Suppe geben, 2-3 Minuten aufkochen und mit Salz und Pfeffer abschmecken. 50 g Sahne steif schlagen, mit dem Zitronensaft vermengen und zur Suppe servieren.

→ Die Kresse darf nur kurz gekocht werden, sonst verliert sie ihr Aroma.

Fenchelkrautsuppe mit Lauch
(Foto rechts)
- 1 Teelöffel Fenchelsamen
- 1 Teelöffel Senfsamen
- 1 Teelöffel Bockshornkleesamen
- 1 Lauchstange (150 g) in dünnen Ringen
- 2 Kartoffeln (200 g), klein gewürfelt
- 2 Esslöffel Fenchelkraut, gehackt
- 1 Teelöffel Liebstöckel, fein gehackt
- 1 Teelöffel Kerbel, fein gehackt
- 1/2 Apfel, gewürfelt
- 1 Esslöffel Pflanzenöl (Erdnuss)
- 1 l dünne Gemüsebrühe
- Salz

Gartenkresse-Suppe
(Foto oben)
- 1 Lauchstange (150 g) in Ringen
- 2 Schalotten, gewürfelt
- 1 l Hühner-, Kräuter- oder Gemüsebouillon
- 250 g Sahne
- 2 Esslöffel Sojaöl
- 1/2 Lorbeerblatt
- 1/2 Teelöffel gemahlene Bockshornkleesamen
- 100 g Kresse
- 1/2 gepresste Zitrone
- Salz, Pfeffer

Bockshornklee-, Fenchel- und Senfsamen in Öl kurz andünsten, Lauch und Kartoffeln zugeben und unter Rühren weiterdünsten. Zuletzt Liebstöckel, Kerbel, 1 Esslöffel des Fenchelkrauts und Apfel hineingeben und mit der Gemüsebrühe ablöschen.
10–15 Minuten köcheln lassen, mit Salz abschmecken und restliches Fenchelkraut untermischen.

Tomaten-Kräuter-Consommé
(Foto oben)
- 800 g sehr reife Tomaten
- 1 große Zwiebel
- 3 Esslöffel Olivenöl
- 2 Esslöffel frischer Quendel/Thymian, gehackt
- 2 Esslöffel Dost/Oregano, gehackt
- 1 Stängel frische Minze
- 4–6 Knoblauchzehen, zerdrückt
- 1 kleine Peperoni
- Selleriesalz, Pfeffer
- 1–2 Tassen Wasser

Die gehackte Zwiebel in Öl andünsten, klein geschnittene Tomaten dazugeben und mit allen Gewürzen 10 Minuten kochen lassen. Die frischen Kräuter, alle Gewürze und Wasser dazugeben und weitere 10 Minuten köcheln. Abschmecken und die klare Tomatensuppe abschöpfen oder alles durch ein Sieb geben und die klare Suppe auffangen. Mit Tomatenstücken und Kräuterblättchen servieren.
→ Das verbliebene Tomaten-Kräuter-Mus ist gut als Crostini- oder Pizzabelag geeignet.

Dill-Tomaten-Creme
- 1 kleine Zwiebel
- etwas Butter
- 400 g Tomaten, überbrüht und enthäutet oder aus der Dose
- 1/4 l Kräuter- oder Hühnerbouillon
- 6 Stängel frischer Dill
- 150 g Sahne
- Salz, Pfeffer
- Zitrone

Zwiebel fein gehackt in Butter glasig dünsten. Die Tomaten und die fein gehackten Dillblätter hineingeben und mit der Bouillon ablöschen. Kurz aufkochen und pürieren. Mit Salz, Pfeffer und Zitronensaft abschmecken. Vor dem Servieren die Sahne unterziehen. Die Suppe schmeckt auch kalt vorzüglich, da sie kaum Fett enthält.
→ Variation: Anstelle von Dill kann man auch frisches Basilikum oder 1 Esslöffel getrocknetes Basilikum verwenden.

Sauerampfersuppe
- 80–100 g Sauerampfer
- 1/2 Gemüsezwiebel
- 2 Esslöffel Pflanzenöl
- 1 l klare Gemüse- oder Hühnerbrühe
- 1/2 Teelöffel Zitrone
- 100 g Crème fraîche
- 1 Eigelb
- Salz

Die fein gehackte Gemüsezwiebel in dem erhitzten Öl glasig dünsten, den geputzten, gehackten Sauerampfer zugeben und mit der Brühe aufgießen. 10-15 Minuten köcheln, mit Zitrone und Salz abschmecken, pürieren und die Crème fraîche einrühren. Am Schluss etwas Suppe mit dem Eigelb außerhalb des Topfes mischen und nach und nach einrühren. Mit einigen frischen Sauerampferstreifen garnieren.
→ Hühnerbrühe dämpft den säuerlichen Geschmack etwas mehr als Gemüsebrühe.

Bärlauchsuppe
(Foto unten)
- 30–40 junge Bärlauchblätter
- 2 Esslöffel Distelöl oder Butter
- 1 l dünne Gemüsebrühe
- 2 Esslöffel Grünkern- oder Weizenmehl
- 2 Esslöffel Crème fraîche
- Salz, Pfeffer

Die frischen Bärlauchblätter ohne Stiele fein schneiden. Das Öl oder die Butter im engen Suppentopf erhitzen und mit Mehl glatt rühren. Mit der Gemüsebrühe aufgießen und mit der Hälfte der Bärlauchblätter 7 Minuten köcheln. Restliche Bärlauchblätter zugeben und kurz weiterköcheln lassen. Mit dem Pürierstab pürieren, Crème fraîche unterziehen und sofort servieren.
→ Schmeckt am besten mit frisch gepflückten Bärlauchblättern oder mit 6–7 Esslöffeln Trockenbärlauch in angeschwitzter Zwiebel.

pürieren. Mit Salz, Peperoni und wenig Zitronensaft abschmecken. Kurz vor dem Servieren die Karotte würfeln und mit den Erbsen wieder hinzugeben.

→ Auch möglich mit Erbsen aus der Dose, wenn's schnell gehen soll.
In einem engen Topf lässt es sich leichter pürieren.

Minze-Erbsen-Suppe
(Foto oben)
- 2 Frühlingszwiebeln, klein geschnitten
- 1 Esslöffel Pflanzenöl
- 450 g Erbsen, tiefgekühlt
- 1 Karotte oder Pastinakwurzel
- 400 g Gemüsebrühe
- 150 g Weißwein
- 4 Esslöffel frische Minzeblätter
- 1 Esslöffel Petersilie, gehackt
- 250 g Sahne
- 1 Prise Kräutersalz
- 1 Prise Peperoni
- etwas ausgepresste Zitrone

Die Frühlingszwiebeln mit der Petersilie in Öl kurz andünsten und mit Wasser und Wein aufgießen. Die Erbsen und die Karotte hineingeben und 10 Minuten mitkochen. Karotte und einige Erbsen zur Dekoration herausnehmen. Minze und Sahne in die Suppe geben und mit dem Pürierstab

Fischsuppe (Foto rechts)
Sud
- Karkassen von Fischen und Schalentieren (Köpfe, Schwänze, Gräten und Schalen)
- 1 Lauchzwiebel
- 200 g Suppengemüse aus Karotte, Petersilienwurzel, Sellerie, wilder Pastinakwurzel
- 1/2 Fenchelknolle
- 1 Lorbeerblatt
- 1/2 Peperoni
- einige Pfefferkörner, zerdrückt
- 7 Zweige Thymian
- Je 2 Zweige Liebstöckel, Knoblauchsrauke, Zitronenmelisse oder Schwarznessel
- 1 Zweig Selleriekraut
- 1 Esslöffel Schnittknoblauch
- 1 Tomate, gewürfelt
- 1 Knoblauchzehe, gehackt
- 1 Messerspitze Safran
- Salz, Pfeffer
- Olivenöl
- 1/8 l Weißwein
- 1 l Wasser

Einlage
- 300–400 g gemischter Fisch und Meeresfrüchte, z. B. Seezunge, Lotte, Seelachs, Krabben, Muschelfleisch

- 1 Knoblauchzehe in dünnen Scheiben
- 1 Karotte in Stiften
- 20 g Sellerie in Stiften
- 3 Stängel frischer Dill, geschnitten

Die Karkassen und das grob geschnittene Gemüse in Olivenöl kräftig andünsten und mit der Hälfte des Weißweins und 1 l Wasser aufgießen. Kräuter und Gewürze zugeben und 30–40 Minuten köcheln lassen. Alles durch ein Sieb gießen und restlichen Wein zugeben. Knoblauchzehe, Karotte und Sellerie mit den Fischstücken, Krabben und Muscheln beigeben und 10 Minuten ziehen lassen. Mit Dill bestreuen.

Rote Linsen-Suppe mit Kräutern

- 250 g Rote Linsen
- Je 3 Esslöffel frischer Ysop und Bohnenkraut, gehackt, oder je 2 Esslöffel Trockenkraut, gemörsert
- Concassé aus 3 Tomaten oder 4 Esslöffel Tomatenmark
- 1 Apfel, gerieben
- 1 l Wasser
- Gepresste Zitrone
- Kräutersalz

Linsen und Apfel im kalten Salzwasser aufsetzen, mit den Kräutern etwa 5 Minuten aufkochen. Tomaten-Concassé (das sind enthäutete und entkernte, in kleine Würfel geschnittene Tomaten) oder Tomatenmark beigeben und etwa 10 Minuten weiterköcheln lassen. Mit Zitrone und Kräutersalz abschmecken.

Vorsicht! Rote Linsen werden schnell gar, zu lange gekocht erhält man einen Brei.

Zucchini-Kräuter-Kaltschale

- 200 g Zucchini, gewürfelt
- 200 g Gartengurke, gewürfelt
- 1 l Wasser oder Kräuterbouillon
- 3 Teelöffel Senfsamen
- 6 Esslöffel gehackte Kräuter: Borretsch, Zitronenmelisse, Sauerampfer, Liebstöckel, Petersilie, Selleriekraut
- 1 Esslöffel Sonnenblumenöl
- 1 Prise Zucker
- Wenig fein gehackte Peperoni oder Peperonipulver
- Salz

Senfsamen in Öl andünsten, Zucchini und Gurke beigeben und mit Wasser oder Bouillon ablöschen. Salz und Zucker zugeben und zum Kochen bringen, etwa 12 Minuten köcheln. Die Kräuter und Gewürze beigeben und nochmals 5 Minuten weiterköcheln. Pürieren und kalt stellen.
→ Schmeckt auch warm sehr lecker.

Gazpacho mit Kräutern
(Foto oben)
- 750 g sehr reife Tomaten
- 2 rote Paprikaschoten
- 4 Schalotten
- 1 Gartengurke oder Zucchini
- 4 Esslöffel Oliven- oder Pflanzenöl
- 2 Esslöffel Balsamico-Essig
- 1/2 l kaltes Wasser
- 8 Stängel Petersilie
- 6 Stängel Oregano
- 4 Stängel Minze
- 4 Stängel Ysop
- 4 Blätter Borretsch
- 1 Knoblauchzehe, gepresst
- etwas Peperoni
- Worcestersauce
- Salz, Pfeffer

Das Gemüse klein schneiden, die Kräuter abzupfen und zerkleinert untermischen. Das Ganze mit einem Pürierstab oder im Mixer pürieren. Öl, Essig und Wasser zugeben und mit den Gewürzen abschmecken. Im Kühlschrank kühlen und kalt servieren.

→ Besonders lecker mit in Knoblauchbutter gebratenen Brotwürfeln.

Salate

Hopfensprossensalat
(Foto unten)
Sehr junge Hopfensprossen (300 bis 350 g pro Person; hinter dem ersten kleinen Blatt abschneiden)

Vinaigrette
- 2 Esslöffel Balsamico-Essig
- 4 Esslöffel Traubenkernöl
- Salz, Pfeffer
- Senf

Die Hopfensprossen waschen und in Salzwasser nur ganz kurz blanchieren. Sie dürfen nicht zu weich werden, sondern sollten noch knacken. Aus den Zutaten eine Salatsoße rühren und über die Hopfensprossen gießen.
→ Kann lauwarm oder kalt serviert werden.

Wildkräutersalat
- 250 g frische junge Blätter von Gänseblümchen, Bibernelle, Schlüsselblumen, Ackersenf, Hirtentäschel, Sauerampfer, Giersch
- 1 Bund Radieschen oder 1 kleiner weißer Rettich in dünnen Scheiben

Marinade
- 2 Esslöffel Essig
- 4 Esslöffel Pflanzenöl
- 1/2 Teelöffel Senf (am besten Pommery)
- Salz, Pfeffer
- 2 Prisen Zucker

Die Zutaten für die Marinade miteinander verrühren und erst kurz vor dem Servieren über den geputzten und bunt gemischten Salat geben.

Löwenzahnsalat Französische Art

- 200 g junge Löwenzahnblätter
- 12 Kirschtomaten
- 80 g Ziegenfrischkäse

Vinaigrette
- 3 Esslöffel Balsamico-Essig
- 4–5 Esslöffel Olivenöl
- Salz, Pfeffer
- 1 Prise Zucker
- Dijonsenf

Ganze Löwenzahnblätter und halbierte Kirschtomaten mit der Vinaigrette vermischen und mit Flocken aus Ziegenfrischkäse bestreuen.

Brunnenkresse mit Feta und Croutons (Foto oben)

- 100 g Brunnenkresse
- 80 g Feta
- 1 Esslöffel Olivenöl
- 2-3 Weißbrotscheiben
- 1 Esslöffel Butter

Dressing
- 2 Esslöffel Balsamico-Essig
- 3 Esslöffel Sesam- oder Pflanzenöl
- Salz, Pfeffer
- Gehackte, frische Kräuter: Petersilie, Kerbel, Schnittlauch
- Brennnesselsamen

Salatdressing rühren. Feta in dünne Scheiben schneiden und in einer

Pfanne mit erhitztem Olivenöl goldgelb anrösten. Weißbrot in Würfel schneiden und in der Butter knusprig rösten. Die Brunnenkresse auf Tellern portionieren und mit Dressing übergießen. Warmen Feta und die Croutons darauf verteilen und mit Kräutern bestreuen.

Farfalle mit Bärlauchdressing
(Foto oben)
- 250 g Farfalle
- 200 g Kirschtomaten, halbiert
- einige schwarze Oliven

Dressing
- 3 Esslöffel Balsamico-Essig
- 8 Esslöffel Oliven- oder Pflanzenöl
- 50 g Bärlauch oder Knoblauchsrauke
- 1 Esslöffel Mayonnaise
- 1 Esslöffel Joghurt
- 1 Esslöffel Tomatenketchup
- Salz, Kräutersalz
- Pfeffer

Farfalle weich kochen – für einen Salat sollen sie nicht al dente sein – abgießen und mit kaltem Wasser abschrecken, die Nudeln abkühlen lassen. Bärlauchblätter ohne Stängel klein hacken und mit den anderen Zutaten zu einer Soße vermischen. Die abgekühlten Farfalle mit der Soße gut durchmischen und mit den Kirschtomaten und schwarzen Oliven garnieren.
→ Dazu passt frischer Parmesan, dünn darüber gehobelt.

Kartoffelsalat mit Kräutern
- 12 Kartoffeln (Salatware)
- 1 Zwiebel, fein gehackt
- 3–4 Esslöffel Kräuter- oder Weinessig
- 4 Esslöffel Pflanzenöl
- 1/2 Becher Joghurt
- Salz, Pfeffer
- 1/8 Liter kräftige Brühe
- 4 Esslöffel gehackte Kräuter: Borretsch, Gartenkresse, Bohnenkraut, (wilder) Schnittlauch, Kapuzinerkresse, Portulak, Giersch, Gundelrebe

Es gibt eine unzählige Menge von Rezepten für Kartoffelsalat. Wir schlagen vor: 3 mittelgroße Kartoffeln pro Person. Kartoffeln gekocht und gepellt in feine Scheiben hobeln. Zwiebeln zugeben und mit der Brühe übergießen. Essig, Öl, Joghurt, Salz, Pfeffer und Kräuter zugeben, kurz vermengen und ziehen lassen. Nach Belieben mit Blüten von Borretsch oder Kapuzinerkresse dekorieren.

Vorspeisen und kleine Gerichte

Artischocken kalt mit Estragon-Kräuter-Dip
(Foto unten)
- 4 große oder 8 kleine Artischocken

Dip
- 4 Esslöffel Artischockensud
- 8 Stängel frischer Estragon oder 2 Teelöffel, getrocknet und gemörsert
- je 4 Stängel frischer Thymian oder Basilikum oder je 1/2 Teelöffel, getrocknet und gemörsert
- 2 Stängel Dost/Oregano oder 1/2 Teelöffel, getrocknet und gemörsert
- 4 Esslöffel Mayonnaise (siehe Seite 62/63)
- 8 Esslöffel Joghurt
- 1/2 Teelöffel Estragon-Essig
- 1/2 Teelöffel Zitronensaft
- Worcestersoße

Kräuter hacken und mit den anderen Zutaten verquirlen. Durch Joghurt wird die richtige Dickflüssigkeit erreicht. Stiele der Artischocken abschneiden. Blattspitzen mit einer Schere ringsum kappen. In einem Topf mit kochendem Salzwasser und etwas Essig 30–40 Minuten kochen, bis sich die Außenblätter ablösen lassen. Artischockenblätter einzeln in die Soße dippen und das Fruchtfleisch zwischen den Zähnen abziehen. Zuletzt Distelfasern im Zentrum entfernen und den Boden – das „Herz" der Artischocke – mit Besteck zerteilen und weiter dippen.

Variante:
Artischocke vinaigrette
Statt des Dips eine Vinaigrette aus
- 1 Esslöffel gehacktem Estragon
- 1 Esslöffel Mayonnaise
- 1 Esslöffel Joghurt
- 3 Esslöffeln Essig
- 4 Esslöffeln Öl

zubereiten.

Diese dünnflüssige Vinaigrette wird anders als ein Dip verwendet: Die Blätter der gekochten Artischocke werden von der Mitte her aufgespreizt und die Vinaigrette hineinverteilt. Kurz marinieren lassen.

Artischocken warm mit Estragonsoße
- 4 große Artischocken
- 2 Zweige frischer Estragon oder 1/2 Teelöffel, getrocknet und gemörsert
- 3 Stängel Petersilie
- 2 Eigelb
- 1 Esslöffel Weinessig
- 4 Esslöffel Kochsud
- 1 Esslöffel sehr fein gehackte Schalotte
- 40 g Butter
- Worcestersoße
- Salz, Pfeffer

Für die Estragonsoße die Eigelbe mit dem Kochsud und dem Essig in einer Schlagschüssel über dem Wasserbad schaumig aufschlagen. Die Schalotten in Butter andünsten und unter die Schaumcreme heben. Die sehr fein gehackten Kräuter langsam einrühren. Mit Zitronensaft, Worcestersoße, Salz und Pfeffer abschmecken. Beides zusammen warm servieren.

→ Wie man Artischocken kocht und isst, steht im vorherigen Rezept (siehe Seite 25).

Champignons mit Kräuterbutter überbacken
- 12–16 Champignonköpfe je nach Größe
- 5–6 Esslöffel Kräuterbutter (Rezept von Seite 68)

Stiele der Champignons herausdrehen, sehr fein wiegen. Mit einer Gabel die gehackten Stiele mit der Butter vermengen und salzen. Die Champignonköpfe mit der Masse füllen, mit Öl bepinseln und in einer gefetteten Form 5–10 Minuten überbacken.

Mozzarella Pizzaiola
- 4 mittelgroße Strauchtomaten
- 1 großer oder 2 kleine Mozzarella
- 2 Esslöffel Oregano, gemörsert
- Salz, Pfeffer
- Olivenöl

4 Backförmchen oder 1 große feuerfeste Form ausfetten. Tomaten in Scheiben auslegen, leicht salzen und pfeffern, mit einem Teil des Oregano bestreuen. Darüber den Mozzarella in Scheiben oder Würfeln geben und mit dem restlichen Oregano bestreuen. Nach Belieben können auch 2–3 Schichten im Wechsel gelegt werden. Im vorgeheizten Backofen bei 200 °C etwa 10–15 Minuten backen, bis der Mozzarella geschmolzen ist. Mit italienischem Brot servieren.

Weiße Bohnen, gekräutert
(Foto oben)
- 250 g weiße Bohnen, auch gemischt mit roten
- 1 Zwiebel
- 1 Karotte
- 1 Peperoni (scharf)
- Salz

Wildkräuterdressing
- 5 Esslöffel gehackte Wildkräuter je nach Jahreszeit: Bärlauch, Knoblauchsrauke, wilder Schnittlauch, Sauerklee, Dost, Quendel, Ysop, Bohnenkraut
- Brennnesselsamen
- Hirtentäschelsamen
- Senfkörner (vom Ackersenf)
- 4 Esslöffel Rosmarin- oder Kräuteressig
- 4 Esslöffel neutrales Pflanzenöl
- 2 Esslöffel Kürbiskernöl
- Salz, Pfeffer

Die Bohnenkerne über Nacht einweichen, abgießen und in Salzwasser mit Zwiebel, Karotte und der Peperoni garkochen, abgießen und abkühlen lassen. Peperoni entfernen. Aus den Zutaten ein Wildkräuter-Dressing rühren, mit den Bohnen gut vermengen und 1–2 Stunden durchziehen lassen.

Frühlingseier
- 8 Eier
- 4 Esslöffel gehackte Kräuter: Petersilie, Gundelrebe, Schnittlauch, Liebstöckel, Hirtentäschel, Sauerampfer, Schafgarbe
- 1 Teelöffel Senf
- 2 Teelöffel Essig
- 1 Esslöffel Pflanzenöl
- Salz
- 1 Prise Zucker
- etwas Sojasoße
- etwas Kräutersalz

Die Eier etwa 8 Minuten hart kochen – nicht länger, da das Eigelb sonst sein Aroma verliert. Die Eier längs halbieren und die Eigelbe mit einem Teelöffel vorsichtig herausheben. Die Eigelbe und alle weiteren Zutaten mit einer Gabel zu einer Masse vermengen und abschmecken. Die Eiweißhälften mit Häufchen der Kräutermasse füllen.
→ Dazu passen auch einige Tropfen Worcestersoße. Die Kräutermischung kann je nach Geschmack auch anders zusammengestellt und nach Belieben in den Mengen gewichtet werden.

Avocado mit Bärlauch-Aioli
(Foto rechts)
- 2 Avocados, halbiert, entsteint
- 10 große oder 15 kleine Bärlauchblätter
- 4 Esslöffel Mayonnaise
- 4 Esslöffel Joghurt
- 2–3 Esslöffel Ketchup
- Zitrone zum Beträufeln

Bärlauch sehr fein schneiden oder mit dem Pürierstab zerkleinern und mit allen Zutaten zu einer homogenen Aioli vermischen. Die halbierten Avocados mit Zitrone beträufeln und die Aioli hineinverteilen.
→ Die Aioli eignet sich auch als Cocktailsoße für Krabben oder Geflügel.
Variante: Dillspitzen zugeben.

Gefüllte Tomaten mit Avocado-Kräuter-Creme
- etwa 16 Cocktail-Tomaten
- 3 Esslöffel Petersilie, gehackt
- 3 Esslöffel frischer Koriander oder Kapuzinerkresse, gehackt
- 1/2 Avocado
- 3–4 Esslöffel Crème fraîche
- 4 Esslöffel Joghurt
- Saft von 1/2 Zitrone
- Salz

Alle Zutaten bis auf die Tomaten mit einer Gabel gut durchmischen. Die Cocktail-Tomaten aushöhlen (mit Pariser Ausstecher oder Grapefruitmesser) und mit der Masse füllen.
→ Ideal für kalte Buffets.

Lachstatar
(Foto Seite 30)
- 200–250 g frischer Lachs
- 1/2 Zitrone, gepresst
- 2 Esslöffel Gartengurke, gewürfelt
- 4 Esslöffel Garten- oder Kapuzinerkresse, gehackt
- 4 Esslöffel Kerbel, gehackt
- 2 Esslöffel Schwarznessel oder Zitronenmelisse, gehackt
- 2 Esslöffel Basilikum oder Rauke, gehackt

Dressing
- 2 Esslöffel Sojasoße
- 2 Esslöffel Fischsoße (Asienladen)
- 3 Esslöffel Distelöl
- 1/2 Orange, gepresst
- 1 Esslöffel Ingwer, zerdrückt
- 1/2 Teelöffel Tabasco oder Chilisoße
- 1 Teelöffel Meerrettich
- Salz
- Pfeffer

Fisch würfeln, mit Zitrone beträufeln und mit der Gurke und den gehackten Kräutern vermengen. Aus allen anderen Zutaten ein Dressing rühren, über die gekräuterten Fischwürfel gießen

Kräuter zugeben und 100 g Sahne angießen. Bei niedriger Hitze etwa 5 Minuten köcheln lassen. Mit Salz, wenig Pfeffer, Zitrone und Dijonsenf würzen. Die Gelatine ausdrücken und unterrühren. Die Masse auf Eis erkalten lassen, nicht tiefkühlen. Bevor die Masse geliert, die restliche geschlagene Sahne vorsichtig unterziehen und zur Mousse erkalten lassen. Kleine Nockerln abstechen und auf dem Räucherfisch servieren.
→ Besonders geeignet für kaltes Buffet.

Flusskrebse mit Kräutern
(Foto rechts)
- 20–30 Flusskrebsschwänze
- 1 Schalotte, fein gehackt
- fein gehackte frische Kräuter:
  3 Esslöffel Schnittlauch oder Schnittknoblauch
  2 Esslöffel Bärlauch oder Knoblauchsrauke
  1 Esslöffel Dill
  1 Esslöffel Petersilie oder Kerbel
- 4-6 Knoblauchzehen
- 1/2 getrocknete Peperoni, gemörsert
- Salz
- 1/2 Zitrone, gepresst
- 100 g Fischfond oder Gemüsebrühe
- 200 g Crème fraîche
- Olivenöl

und vermengen. Mit Toast oder Weißbrot servieren.
→ Auch mit rohem Thunfisch oder Seeteufel zu empfehlen.

Räucherfisch mit Kräutermousse
- 250–300 g Räucherfisch

Mousse
- 50 g fein gehackte Kräuter: Dill, Petersilie, Kerbel oder Estragon
- 1 Schalotte
- 2 Blatt weiße Gelatine
- 1 Esslöffel Butter
- 200 g Sahne
- 1 Teelöffel Dijonsenf
- 1 Teelöffel Zitronensaft
- Salz, Pfeffer

Die Gelatineblätter in kaltem Wasser einweichen. Fein gewürfelte Schalotte in der Butter glasig dünsten, gehackte

Die Schalottenwürfel in Öl erhitzen und auf kleiner Flamme weich dünsten. Kräuter, Knoblauch, Peperoni, Salz und Zitrone hineingeben. Mit Fischfond oder Brühe angießen und die Crème fraîche unterrühren. Die Krebsschwänze darin 5–10 Minuten bei sehr milder Hitze ziehen lassen. Mit Weißbrot oder Toast servieren.

Kräuter-Tomaten (Foto Titel)

- 4 große Tomaten
- 8 Esslöffel frische gehackte Kräuter: Petersilie, Basilikum, Zitronenmelisse oder Schwarznessel, Thymian, Minze, Dill
- 2 Knoblauchzehen, gehackt
- 6–8 Esslöffel Olivenöl
- 8 Esslöffel Semmelbrösel
- 20 g geriebener Parmesan
- 200 g saure Sahne
- Salz, Pfeffer

Tomaten waschen, quer halbieren und aushöhlen. Semmelbrösel, Parmesan, Kräuter, Salz und Pfeffer, etwas Öl und saure Sahne vermischen. Tomatenhälften in eine ausgefettete feuerfeste Form legen, innen leicht salzen, mit der Mischung füllen. Das restliche Öl über die Tomaten träufeln und im vorgeheizten Backofen bei 175 °C 20–30 Minuten backen.

→ Als Vorspeise mit Weißbrot oder zu gegrilltem Fisch oder Fleisch servieren.

Rote Beete-Carpaccio mit Kräuter-Vinaigrette

(Foto unten)

- 400 g Rote Beete
- 120 g Ziegenfrischkäse
- 2 Schalotten oder 1 kleine Zwiebel in dünnen Ringen oder Scheiben
- 1/2 Apfel, dünn gehobelt

Vinaigrette

- 5 Esslöffel Kräuter: Basilikum, Quendel/Thymian, Rosmarin
- 2 Knoblauchzehen, gepresst
- 2 Esslöffel Balsamico-Essig
- 5 Esslöffel Olivenöl
- 1 Tasse warme Gemüse- oder Kräuterbouillon

Die geschälte Rote Beete in sehr dünne Scheiben schneiden oder hobeln und nur kurz in Salzwasser blanchieren. Die Rote Beete-Scheiben, den gewürfelten Ziegenkäse, die Zwiebelringe und den gehobelten Apfel auf vier Tellern anrichten. Aus den fein gehackten Kräutern und restlichen Zutaten eine Vinaigrette rühren und über die Teller verteilen.

Kohlrabi-Kräuter-Carpaccio
- 2 große oder 3 kleine Kohlrabi

Vinaigrette
- 3 Esslöffel Estragon-Essig
- 4 Esslöffel Sesamöl
- 2 Esslöffel gehackte Kräuter: Petersilie, Kerbel, Schnittlauch, Kapuzinerkresse
- 4 Teelöffel Kapern mit etwas Kapernmarinade (siehe Seite 66)
- 2 Esslöffel reife Brennnesselsamen
- 1 Teelöffel Senf
- 1 Prise Zucker
- Kräutersalz

Den geschälten Kohlrabi in dünne Scheiben schneiden und in kochendem Salzwasser kurz blanchieren. Aus den Zutaten eine Vinaigrette rühren, die lauwarmen Kohlrabischeiben auf Tellern verteilen, mit der Vinaigrette begießen und sofort servieren.

Ausgebackene Kräuter
Geeignete Kräuterblätter
- Salbei (schmeckt am kräftigsten)
- Borretsch
- Rucola
- Löwenzahn
- Petersilie
- Schwarznessel

Bierteig
- 50 g Mehl
- 1 Eigelb
- 1 Tasse Bier
- Salz
- Pflanzenöl zum Ausbacken

Aus Eigelb, Mehl, Bier und etwas Salz einen Bierteig herstellen und kurze Zeit ruhen lassen. Der Teig muss zähflüssig sein, notfalls mit Bier oder Mehl korrigieren. Reichlich Öl in einem Topf oder einer Fritteuse auf 150–170 °C erhitzen. Allzu große Blätter teilen. Die sauberen Kräuterblätter einzeln durch den Bierteig ziehen und portionsweise in das Fett geben. Einige Minuten goldbraun frittieren, mit dem Schaumlöffel herausheben und auf Küchenkrepp abtropfen lassen. Sofort servieren.
→ Wunderbar im Frühjahr und Sommer zu einem Aperitif.

Bärlauch-Kartoffelbällchen
- 300 g Kartoffelbrei
- 100 g Bärlauchblätter
- 2 Esslöffel Sahne

Bärlauchblätter ohne Stiele ganz fein hacken oder mit dem Pürierstab pürieren. Mit dem festen Kartoffelbrei und der Sahne sehr gut vermengen. Als Häufchen, Bällchen oder Nockerln auf Bärlauchblättern anrichten.
→ Auch schmackhafte Beilage für Fisch oder Lamm. Variation: Man kann die festen Bällchen panieren und als Kroketten ausbacken.

Bärlauchröllchen mit Kräuter-Frischkäse
(Foto unten)
- 250 g Frischkäse
- 10 Bärlauchblätter, klein gehackt
- etwas Schnittlauch, geschnitten
- Salz, Pfeffer
- Bärlauchblätter zum Einrollen
- Bärlauch-Blütenstängel

Käse, gehackte Bärlauchblätter und Schnittlauch zu einer homogenen Masse vermengen und mit Salz und Pfeffer abschmecken. Je 3 Bärlauchblätter ohne Stiele überlappend auslegen, mit 1–2 Esslöffeln Kräuterkäse belegen und zu einem Röllchen oder zu einem Päckchen einrollen. Mit Blütenstängeln feststecken. Dazu die Löcher mit Zahnstocher vorstechen.

→ Eine herrliche Vorspeise und der Renner bei jedem Buffet. Sehr schnell zubereitet und im Kühlschrank auch 1–2 Tage haltbar.

Blätterteigtarte mit Kräuterquark
(Foto Seite 35 oben)
- 3–4 Esslöffel frische gehackte Gartenkräuter: Schnittknoblauch/Schnittlauch, Dill, Petersilie, Estragon, Pimpinelle, Borretsch
- 2 Esslöffel Olivenöl
- Salz, Pfeffer
- 250 g Quark (20 %)
- 4–6 Scheiben Blätterteig

Die Kräuter sehr fein hacken, mit dem Quark und dem Öl vermengen. Mit

Salz und wenig Pfeffer abschmecken. Blätterteig nach Anleitung auftauen, Springform damit auslegen und mit der Quark-Kräutermasse bestreichen. Im vorgeheizten Backofen (Temperatur nach Angabe auf der Blätterteigpackung) 10–20 Minuten backen. Warm oder kalt servieren.

Ziegenkäse-Bällchen
(Foto rechts unten)
- 150 g Ziegenfrischkäse
- 4 Esslöffel fein gehackte Kräuter: Bärlauch, Schnittlauch, Petersilie, Zitronenmelisse, Majoran/Dost

Aus dem Ziegenkäse kleine Bällchen formen. Die gemischten, gehackten Kräuter auf einen Teller streuen und die Bällchen darin rundherum wenden. Je nach Jahreszeit kann man die Kräutermischungen ändern. Auch Bällchen mit nur einem Würzkraut sind lecker.

Kräuterkäse
- 300 g Emmentaler
- 1 Becher Joghurt
- 40–50 g frische Kräuter: Bärlauch, Sauerampfer, Hirtentäschel, Kerbel, Liebstöckel, Wiesen-Schnittlauch, Wiesenschaumkraut
- wenig Salz oder Kräutersalz

Den Emmentaler hobeln oder reiben und mit dem Joghurt zu einer Masse verrühren. Die Kräuter fein schneiden oder hacken und untermengen. Mit etwas Kräutersalz abschmecken.
→ Grob gehobelter Käse hat mehr Biss. Mit fein geriebenem Käse wird alles zu einer Creme.

Vegetarische Hauptgerichte

Spinat aus Wildkräutern
- 300–400 g Kräuterblätter, wahlweise: Löwenzahn, Brennnessel, Taubnessel, Schlüsselblume, Spitzwegerich, Gundelrebe, Gänseblümchen, Hirtentäschel, Giersch, Sauerampfer, Malve

Nur ganz junge, zarte Blätter sind geeignet. Der Hauptanteil der Blätter sollte aus Brennnesseln, Löwenzahn und Giersch bestehen. Alle anderen Blätter können in beliebiger Gewichtung beigemischt werden.

- 1–2 Zwiebeln
- 20 g Butter
- 1/2 Zitrone, gepresst
- 2 Tassen Gemüsebrühe
- 2 Tassen Milch
- Salz, Muskat
- 100 g Crème fraîche nach Bedarf

Die gehackte Zwiebel in der erhitzten Butter glasig dünsten und die geputzten Spinatblätter dazugeben. Mit Brühe und Milch 10–15 Minuten weich dünsten, häufiger umrühren. Mit Zitrone, Salz und Muskat abschmecken und die Crème fraîche unterziehen.

→ Wildspinat ist kräftiger im Geschmack, gart länger, saftet weniger und fällt weniger zusammen als Marktspinat. Er ist daher ergiebiger. Mit 1 l Bouillon und Sahne entsteht eine köstliche Wildspinatsuppe.

Spinat-Lasagne
- 250 g Lasagneblätter
- 100 g frisch geriebener Gruyère
- 2 Zwiebeln, gehackt
- Butter
- 300 g Wildspinat-Kräuter, wahlweise: Löwenzahn, Brennnessel, Schlüsselblume, Hirtentäschel, Gundelrebe, Giersch, Wilder Pastinak, Knoblauchsrauke, Spitzwegerich, Malve, Bockshornklee
- 3–4 Esslöffel Trockenkräuter: Dost/Oregano, Quendel/Thymian, Ysop, Bärlauch oder Basilikum
- 2 Esslöffel Olivenöl
- 2 Tassen Gemüsebrühe
- 1/2 Zitrone, gepresst

Béchamelsoße
- 75 g Butter
- 75 g Mehl
- 1/2 l Milch
- 1/2 l Gemüsebrühe
- Salz, Muskat

Die gehackten Zwiebeln in Öl glasig dünsten. Die sauberen Spinatkräuter und die Gemüsebrühe beigeben und etwa 10–15 Minuten köcheln, bis die Blätter weich sind. Mit Salz und Muskat würzen.
Für die Béchamelsoße die Butter zerlassen und unter ständigem Rühren mit Mehl verrühren. Milch und Gemüsebrühe angießen und bei schwacher Hitze unter Umrühren bis zur richtigen Dickflüssigkeit köcheln. Mit Salz und Muskat abschmecken.
Eine rechteckige, feuerfeste Form ausbuttern und den Boden mit Béchamel-

soße bedecken, anschließend mit einer Schicht Lasagneblättern auslegen. Mit Béchamelsoße bestreichen, Spinat darüber verteilen und mit geriebenem Gruyère und Würzkräutern bestreuen. Dann wieder Lasagneblätter darauf legen usw. Die oberste Schicht Lasagneblätter mit einer Schicht Béchamelsoße bestreichen, mit dem restlichen Käse bestreuen und darauf ein paar Butterflöckchen setzen.

Im vorgeheizten Backofen bei 200 °C etwa 30–40 Minuten backen. Sollte die Oberfläche zu dunkel werden, am Schluss mit einer Alufolie abdecken.

Zucchini mit Kräutern
(Foto oben)
- 2 große oder 4 kleine Zucchini
- 1 Tomate
- 1/2 Paprikaschote
- 8 Esslöffel frische Kräuter: Petersilie, Schnittlauch, Kerbel, Pimpinelle, Minze, Basilikum oder Rucola
- 1 Esslöffel Semmelbrösel
- 100 g Emmentaler, gerieben
- 1/8 l Gemüse- oder Kräuterbouillon
- Salz, Pfeffer

Die Zucchini halbieren und bis auf einen 1 cm breiten Rand das Fruchtfleisch mit einem Löffel herauskratzen. Das Zucchinifleisch mit Tomate und Paprika klein hacken. Die Kräuter klein schneiden. Die Zucchinihälften kurz in Salzwasser blanchieren. Gemüse, Kräuter und 50 g Käse mit Salz und Pfeffer gut vermengen und in die Zucchinihäften verteilen. Semmelbrösel und restlichen Käse darüber streuen und in eine gefettete Auflaufform setzen. Etwas Gemüsebrühe angießen. 25–30 Minuten überbacken, herausnehmen und mit der restlichen Gemüsebrühe den Bodensatz zu einer Soße aufkochen.

Spargel mit Vinaigrette
- Etwa 1 kg Spargel

Vinaigrette
- 200 g Kräuterblätter, fein gehackt:
  Wildkräuter: Schafgarbe, Wiesenschaumkraut, Hirtentäschel, wilder Schnittlauch, Gänseblümchenblätter, Sauerampfer, Knoblauchsrauke, Giersch, Bibernelle
  Gartenkräuter: Petersilie, Liebstöckel, Ysop, Kerbel, Dill, Estragon, Schnittlauch, Zitronenmelisse, Pimpinelle
- 4 hart gekochte Eier (8 Minuten), gewürfelt
- 2 Esslöffel Essig
- 4 Esslöffel Pflanzenöl
- 1 Prise Zucker
- 1 Messerspitze Senf
- Salz, Pfeffer

Spargel schälen und in Salzwasser mit einer Prise Zucker und 5 Tropfen Weinessig nicht zu weich kochen. Für die Vinaigrette in der Reihenfolge Essig, Öl, Salz, Pfeffer, Senf, Zucker und gehackte Kräuter mit Schneebesen oder Gabel gut verrühren. Zuletzt die gewürfelten harten Eier zugeben.
→ Die Vinaigrette ist vielseitig verwendbar; sie passt auch zu Fisch, Schwarzwurzeln, Artischocken und Blumenkohl.

Kräuter-Omelette
(Foto rechts)
- 4 Eier
- 6 Esslöffel Milch
- 2 Esslöffel Butter oder Pflanzenöl
- Kräuterblätter, klein gehackt:
  Gartenkräuter: 2 Esslöffel Schnittlauch, 2 Esslöffel Petersilie, je 1 Esslöffel Kerbel, Pimpinelle, Estragon, Zitronenmelisse oder
  Wildkräuter: (insgesamt 8 Esslöffel): Wiesenschnittlauch, Sauerampfer, Giersch/Wilde Pastinake, Gundelrebe, Knoblauchsrauke, Brennnessel
- Salz, Pfeffer
- 2 Prisen Zucker
- 20 g Reibekäse

Die Eier mit der Milch verquirlen und mit Salz und Zucker würzen. Nach Belieben mehrere dünne oder zwei dicke Omelettes backen: Butter in einer Pfanne erhitzen. Einen Teil der Eiermasse hineingeben, leicht stocken lassen und mit den gehackten Kräutern bestreuen. Bei niedriger Temperatur weiterbacken und wenden. Zuletzt den Käse darüber reiben und etwas pfeffern. Gerollt oder geklappt servieren.
→ Dazu passt Salat oder Spargel. Variante: ein paar gehackte Tomatenstücke zugeben.

Kräuterrisotto

- 250 g Risotto-Reis
- 1 Zwiebel
- 3–4 Knoblauchzehen
- 3 Esslöffel Olivenöl
- 2 Esslöffel Butter
- 1 l Gemüsebrühe
- 2 Esslöffel getrocknete Herbes de Provence: Majoran, Thymian, Rosmarin oder Estragon, Liebstöckel, Petersilie, Basilikum oder Rucola
- Bergkäse oder Parmesan

Die gehackte Zwiebel, den gewaschenen Reis und den zerdrückten Knoblauch in Olivenöl glasig dünsten. Die Gemüsebrühe unter ständigem Rühren nach und nach angießen. Der Reis darf nicht ansetzen. Nach etwa 10 Minuten die Kräutermischung unterrühren und weiterköcheln lassen, bis der Reis gegart ist. Zuletzt kurz abgedeckt ziehen lassen und mit Butterflocken und fein gehobeltem Käse servieren.

Roter Risotto
(Foto oben)
- 250 g Risotto-Reis
- 1 Zwiebel
- 3 Esslöffel Olivenöl
- 3 Esslöffel Butter
- 1 l Tomatensaft
- 3 Esslöffel getrocknetes Basilikum oder 80 g frisches Basilikum
- Salz, weißer Pfeffer
- 1–2 Prisen Zucker
- Parmesan

Den gewaschenen Reis und die gehackte Zwiebel in Öl und Butter 3 Minuten glasig andünsten. Mit etwas Tomatensaft angießen. Unter ständigem Rühren stets Tomatensaft nachgießen, bis der Reis bedeckt ist. Nach etwa 10 Minuten getrocknetes Basilikum, Salz und Zucker zugeben und alles weiter leise garkochen. Frisches Basilikum erst am Schluss beimischen. Mit gehobeltem Parmesan und etwas weißem Pfeffer aus der Mühle servieren.

Kräuter-Gnocchi

- 500 g gekochte Kartoffeln vom Vortag, gehobelt
- 2 Eier
- 4 Esslöffel Mehl
- 5 Esslöffel Kräuter, sehr fein gehackt, wahlweise: Dill, Kerbel, Basilikum, Pimpinelle, Fenchelkraut, Petersilie, Portulak
- Salz, Kräutersalz
- 2 Esslöffel Mehl zum Rollen

Aus Kartoffeln, Eiern, Mehl, Kräutern und etwas Salz einen Teig kneten.

Kleine ovale Rollen formen und in Mehl, vermischt mit Kräutersalz, wälzen. In sprudelnd kochendes Salzwasser geben und sieden lassen, bis die Gnocchi oben schwimmen. Mit dem Schaumlöffel herausnehmen. Zerlassene Butter und frisch gehackte Kräuter darüber geben.
→ Gut auch als Beilage zu Kalb- oder Putenschnitzel oder zu Fischsteaks.

Kräuter-Couscous (Foto unten)
- 500 g Couscous, grob oder fein
- 1 Zwiebel, fein gehackt
- 200 g Kräuter, wahlweise
  Gartenkräuter: Petersilie, Basilikum, Pimpinelle, Borretsch, Thymian, Bohnenkraut, Ysop oder Schwarznessel oder
  Wildkräuter: Löwenzahn, Brennnessel, Gundelrebe, Bärlauch, Knoblauchsrauke, Giersch, Bibernelle
- 1/2 rote Paprikaschote, gewürfelt
- 1/2 gelbe Paprikaschote, gewürfelt
- 1 Tomate, gewürfelt
- 1/2 kleine Zucchini, gewürfelt
- 1/2 kleine Aubergine, gewürfelt
- 1 Esslöffel Tomatenmark
- 2 Knoblauchzehen, zerdrückt
- Olivenöl
- 1 l Wasser
- Salz, Pfeffer

Zwiebel und Gemüse in Öl andünsten, alle gehackten Gartenkräuter und Gewürze zugeben und 3 Minuten dünsten. 500 g Couscous mit 4 Esslöffeln Olivenöl durchmischen und 1 l kochendes Salzwasser zugeben. Durchrühren und 10 Minuten abgedeckt ziehen lassen. Die Kräutermischung unterrühren.
→ Leckeres und schnelles Gericht, auch als Beilage zu Geflügel, hellem Fleisch, Fisch oder Pilzschnitzel.

Spaghetti mit Auberginen-Kräuter-Sugo

- Spaghetti für 4 Personen
- 1/2 Zwiebel, gehackt
- 2 Knoblauchzehen, zerdrückt
- 4 Esslöffel Olivenöl
- 1/2 Aubergine, klein gewürfelt
- 4 Tomaten, klein gewürfelt
- 2 Esslöffel Herbes de Provence, gemörsert: Oregano, Thymian, Basilikum, Rosmarin, Liebstöckel
- 1 kleine Peperoni
- 1/2 Teelöffel Zucker
- Meersalz, Pfeffer

Zwiebeln und Knoblauch in Olivenöl andünsten, alle anderen Zutaten beifügen und 20 Minuten köcheln. Mit einem Kartoffelpüreestampfer oder ähnlichem zu einem homogenen, sämigen Sugo stampfen. Die Tomaten- und Auberginenwürfel sollten nicht ganz püriert werden. Spaghetti in Salzwasser al dente kochen und mit dem Sugo servieren.

Ravioli mit Bärlauchfülle

(Foto rechts)

Fülle
- 50–60 g Bärlauchblätter
- 200 g Ricottakäse
- 2 Esslöffel Semmelbrösel
- 50 g Parmesan
- Salz, Pfeffer, Muskat

Teig
- 300 g Mehl
- 3 Eier
- Salz
- 3 Esslöffel Öl
- 1 Esslöffel Milch
- 1 Eigelb zum Bestreichen
- Mehl zum Ausrollen

Teigzutaten gut durchkneten und abgedeckt 1/2 Stunde ruhen lassen. Für die Fülle Ricotta zerbröseln, Bärlauch sehr fein hacken, Parmesan frisch reiben. Alle Zutaten mit einer Gabel gut vermengen, mit Salz, Pfeffer und etwas Muskat abschmecken. Den Teig nochmals durchkneten und auf einem bemehlten Brett hauchdünn ausrollen. Mit einem Backrädchen Quadrate schneiden oder mit einem Glas Ringe ausstechen. Eigelb und Milch verquirlen. Die Ränder mit der Eigelb-Milch-Mischung bestreichen, jeweils ein Häufchen Fülle aufsetzen und gut zusammendrücken. Salzwasser mit etwas Olivenöl zum Kochen bringen und die Ravioli 3–5 Minuten kochen. Wenn sie aufsteigen, mit dem Schaumlöffel herausheben und warm stellen.

→ Lecker mit einer Weißweinsahne- oder Käsesahnesoße.

Bratlinge mit Kräutern

- 300 g gekochte Kartoffeln vom Vortag, gehobelt
- 1 Zucchini (200 g), fein gehobelt
- 6 Esslöffel Kräuter, gehackt, wahlweise: Dill, Borretsch, Estragon, Schnittlauch oder Schnittknoblauch, Zitronenmelisse, Ysop, wenig Bohnenkraut
- 2 Knoblauchzehen, zerdrückt
- 2 Eier
- 1 Esslöffel (Grünkern-)Mehl
- Semmelbrösel zum Panieren
- Sellerie- oder Kräutersalz
- Pfeffer
- Pflanzenöl zum Braten

Aus Gemüse, Kräutern, Eiern, Gewürzen und Mehl einen Teig herstellen,

mit Kräutersalz und Pfeffer würzen, gut durchmischen. Bratlinge (etwa 8 Stück) mit den Händen formen, nach Bedarf in Semmelbröseln wälzen. Von beiden Seiten in Öl hellbraun und knusprig braten.

→ Die Bratlinge können auch mit rohen Kartoffeln und einer geriebenen Mohrrübe hergestellt werden. Dann benötigt man einen weiteren Esslöffel Grünkernmehl.

Hamburger aus Bratlingen

Bratlinge auf jungem Löwenzahn, Borretsch, Basilikum oder Kresseblättern mit Zwiebelringen, Tomaten und Gurkenscheiben, Joghurt oder Kräutermayonnaise und Ketchup anrichten und auf Toast oder im Sesambrötchen servieren.

Gemüse-Kräuter-Puffer

(Foto unten)
- 1 kleine Zwiebel
- 2 Kartoffeln
- 2 kleine Zucchini
- 2 Mohrrüben
- 3–4 Esslöffel (Grünkern-)Mehl
- Frische Kräuter, fein gehackt: 1 Esslöffel Petersilie, je 1 Teelöffel Thymian, Majoran, Ysop oder Rucola, Liebstöckel, Schnittlauch, Zitronenmelisse
- 2 Knoblauchzehen, zerdrückt
- 1 Prise Peperoni
- Salz, Pfeffer, Muskat
- Evtl. Kumin und Korianderpulver
- Semmelbrösel zum Panieren
- Öl oder Butter zum Anbraten

Die Gemüse sehr fein in eine Schüssel hobeln. Eier, Grünkernmehl, Kräuter und Gewürze dazugeben. Kräftig zu einem lockeren Teig durchmengen und abschmecken. Bratlinge formen und in Butter oder Öl goldbraun braten. Mit Tzatziki oder Salat servieren.

→ Wie die Bratlinge im vorherigen Rezept gut geeignet für vegetarische Burger.

Kräuterquark mit Pellkartoffeln

- 8 Esslöffel gehackte frische Kräuter, wahlweise:
  Gartenkräuter: Schnittknoblauch, Petersilie, Dill, Gartenkresse, Kerbel, Liebstöckel, Pimpinelle, Bockshornklee oder
  Wildkräuter: Wiesenschnittlauch, Bärlauch, Knoblauchsrauke, Sauerampfer oder Sauerklee, Gundelrebe, Schafgarbe, Bibernelle
- 300 g Quark
- 150 g Joghurt
- 3 Esslöffel Sahne oder Wasser
- Salz, Pfeffer
- gemahlener (Wiesen-)Kümmel
- 2 Prisen Zucker
- einige Tropfen Sojasoße oder Balsamico-Essig
- 4 große oder 8 kleine Kartoffeln

Quark, Joghurt und Sahne oder Wasser mit dem Schneebesen gut cremig schlagen. Die Kräuter und Gewürze untermischen und abschmecken. Gemahlene Dillsamen können den Kümmel ersetzen. Die gekochten Pellkartoffeln mit zwei Gabeln aufbrechen und mit dem Kräuterquark großzügig füllen.
→ Ein herrlich leichtes Sommeressen. Der Quark schmeckt auch zu Folienkartoffeln oder Grillkartoffeln.

Kartoffel-Kräuter-Gratin

- 6 große Kartoffeln (etwa 800 g)
- 4–6 Esslöffel Trockenkräuter: Liebstöckel, Petersilie, Bohnenkraut, Quendel, Rosmarin, Ysop, wenig Estragon und Salbei oder Herbes de Provence, trocken oder frisch
- 2 Eier
- 200 g Milch oder Sahne
- Salz, Selleriesalz
- Pfeffer
- Butter

Kartoffeln schälen und in feine Scheiben hobeln. Kräuter mörsern. Eier und Milch mit etwas Salz verquirlen. Die Kartoffeln in eine gefettete Auflaufform schichten, nach jeder Schichtlage gut salzen und mit Kräutern bestreuen. Alles mit der Ei-Milch-Mischung übergießen, sodass die Flüssigkeit fast gleich hoch wie die Kartoffelschicht ist. Butterflöckchen draufsetzen und bei 200 °C etwa 40 Minuten backen. Sollte die Oberschicht zu dunkel werden, mit Alufolie abdecken. Nach Belieben kann man auch vor den Butterflöckchen die Oberschicht mit geriebenem Käse (Gruyère oder Emmentaler) bestreuen.
→ Ein leckeres vegetarisches Gericht oder als Beilage zu Fleisch.

Ofenkartoffeln, gekräutert

(Foto Seite 47)
- 6 große Kartoffeln
- 2 Esslöffel Butter
- Olivenöl
- 4 Zweige frischer Rosmarin
- einige Zweige frischer Majoran
- 1 Esslöffel getrockneter Thymian
- 1 Esslöffel Herbes de Provence
- Salz, Pfeffer

Die gesäuberten Kartoffeln längs halbieren und auf ein gefettetes Backblech legen. Die Oberfläche mit Olivenöl einölen und salzen, Trockenkräuter und frische Kräuterblätter

darauf verteilen. Butterflöckchen darauf setzen und im vorgeheizten Backofen bei 200 °C in etwa 15–20 Minuten goldgelb backen. Vor dem Servieren überpfeffern.
→ Diese Kartoffeln sind lecker mit Tsatsiki oder als Beilage zu gegrilltem Fleisch oder deftigem Braten.

Rosmarin-Kartoffelkuchen
(Foto unten)
Salzteig
(siehe Kräuterquiche Seite 48)

Belag
- 3 Esslöffel frischer Rosmarin oder 1 Esslöffel getrocknet und gehackt
- 1 Teelöffel frischer Oregano
- 1 Zwiebel in feinen Ringen
- 3 Kartoffeln, fein gehobelt
- Olivenöl
- Salz, Pfeffer
- 150 g Crème fraîche
- 150 g saure Sahne

Eine gefette Springform mit dem Teig auslegen, den Rand hochdrücken und den Teig mit Olivenöl bestreichen. Die Zwiebelringe und 100 g saure Sahne darauf verteilen. Erste Schicht: die Hälfte der Kartoffeln verteilen, salzen und mit der Hälfte Rosmarin und dem Oregano bestreuen, darauf 100 g Crème fraîche steichen. Zweite Schicht: restliche Kartoffeln verteilen und salzen. Letzte Schicht: restliche saure Sahne und Crème fraîche mit dem restlichen Rosmarin verteilen, salzen und pfeffern. Im vorgeheizten Backofen bei 200 °C 30–40 Minuten backen.
→ Nach Belieben kann das Gericht mit Zucchini, Paprika oder Tomaten erweitert werden. Als Kräuter passen auch Herbes de Provence.

Hauptgerichte mit Fleisch

Kräuter-Quiche

Salzteig
- 200 g Mehl
- 100 g Schmalz oder Butter
- 1 Ei
- 1–2 Esslöffel Wasser
- Salz

Belag
- 75 g (10 Esslöffel) gehackte frische Kräuter: Petersilie, Schnittlauch, Thymian/Quendel, Majoran/Dost, Ysop, Borretsch
- 2 Esslöffel Olivenöl
- 75 g Schinkenspeck, gewürfelt
- 3–4 Frühlingszwiebeln, klein geschnitten
- 1 Zucchini oder Möhre, geraspelt
- 50 g Emmentaler
- 2–3 Knoblauchzehen oder 3 Stängel Knoblauchsrauke, gehackt
- 1 Esslöffel Semmelbrösel bei Bedarf
- 100 g Crème fraîche
- 150 g saure Sahne
- Salz, Pfeffer, Muskat
- Öl

Für den Salzteig Schmalz oder Butter schaumig rühren. Nach und nach alle Zutaten dazugeben, bis der Teig nicht zu klebrig und verwendbar zum Ausrollen ist. Die gefettete Springform damit auslegen, den Rand hochdrücken. Für den Belag Schinkenspeck in Öl anbraten, Frühlingszwiebeln, Gemüse und Kräuter dazugeben. Vom Herd nehmen, saure Sahne, Crème fraîche und Semmelbrösel unterrühren und würzen. Den ausgelegten Teig mit der Masse bestreichen und mit dem gehobelten Emmentaler bestreuen. Im vorgeheizten Backofen bei 200 °C 25–35 Minuten backen.

Kaninchen Provencale

(Foto rechts)
- 1 Kaninchen oder Kaninchenrücken
- 2 Schalotten
- 3–4 Knoblauchzehen
- frische gehackte Kräuter: 2 Teelöffel Thymian, 2 Teelöffel Rosmarin, 1 Teelöffel Oregano, 1 Teelöffel Beifuß oder Lavendelblüten
- 1/4 l trockener Rotwein
- 100 g grüne und schwarze Oliven
- Salz, Pfeffer
- Olivenöl zum Braten

Kaninchen häuten, ganzes Kaninchen zerteilen, Kaninchenrücken am Stück lassen. Das Fleisch gut salzen und pfeffern. Olivenöl im Bräter erhitzen und das Fleisch darin rundherum kräftig anbraten. Geschälte Schalotten und Knoblauch in Stücke geschnitten zugeben, weiterbraten, Kräuter und Gewürze einstreuen. Mit Rotwein ablöschen. Im geschlossenen Topf 50–60 Minuten weiterschmoren, gelegentlich wenden oder begießen, notfalls etwas Wasser zugeben. Kurz vor Schluss die Oliven zugeben und abschmecken.

→ Dazu passen Kräutercouscous (siehe Seite 41) oder Kartoffeln.

Bärlauchrouladen
(Foto unten)
- 12–18 große Bärlauchblätter
- 400 g Hackfleisch
- 2 Brötchen oder Semmelmehl
- 1–2 Zwiebeln oder Stiele der Bärlauchblätter, klein gehackt
- 1/2 Bund Petersilie
- 1 Ei
- 1 Tomate, sehr klein geschnitten
- 1/2 l Gemüsebrühe
- Salz, Pfeffer
- Öl zum Anbraten

2/3 der Zwiebeln oder Bärlauchstiele anbraten, Hackfleisch und Petersilie dazugeben, salzen, pfeffern und etwa 3 Minuten braten. Herausnehmen und mit den restlichen Zwiebeln, den Tomatenwürfeln und der Gemüsebrühe in der Pfanne eine Soße bereiten. Das Hackfleisch mit 2 eingeweichten Brötchen und einem Ei gut durchkneten. Jeweils 3–4 Bärlauchblätter ohne Stiel überlappend legen, mit etwas Fleischteig füllen und aufrollen. Die Seiten dabei paketartig einschlagen und mit Zahnstocher oder Faden zusammenhalten. Die Rouladen in einer mit Pflanzenöl gefetteten Pfanne rundrum kurz anbraten. Die Soße dazugeben und mit geschlossenem Deckel etwa 10 Minuten weiterschmoren. Mit Kartoffeln oder Reis servieren.

Hühnerbrust im Kräutermantel (Foto rechts)
- 2 Hühnerbrüste (doppelt), enthäutet
- 1/2 Zitrone, gepresst

- 2 Esslöffel Dijonsenf
- 1 Eigelb
- 3 Esslöffel Sahne
- Salz, Pfeffer (gemörsert oder grob gemahlen)
- frische Kräuter, fein gehackt
  je 2 Zweige Estragon oder Rosmarin, Petersilie, Kerbel, Thymian
  je 1 Zweig Zitronenmelisse und Liebstöckel
  oder 2 Esslöffel Herbes de Provence mit Kräutersalz
- 100 g Semmelbrösel
- etwas Mehl
- Öl zum Braten

Die Hühnerbrüste zerteilen, mit Zitronensaft beträufeln und mit Mehl bestäuben. Auf einem flachen Teller aus Eigelb, Senf und Sahne eine Masse rühren. Kräuter mit Semmelbröseln, Salz und Pfeffer vermischen. Die Hühnerbrüste zuerst in der Eimischung wenden, dann in der Kräutermischung, bis alles gut bedeckt ist. Im Kühlschrank einige Stunden oder über Nacht einwirken lassen. Öl in einer Pfanne erhitzen. Die Hühnerbrüste hineingeben und nach kurzer Zeit wenden, Temperatur verringern und von beiden Seiten etwa 10 Minuten weiterbraten. Bei zu hoher Hitze verbrennen die Kräuter.
→ Dazu passen neue Kartoffeln und Minzsoße (siehe Seite 53).

Spinatknödel
(Foto Seite 52)
- 250 g junge Spinatkräuter (siehe Seite 36)
- 1 Zwiebel oder 20 Bärlauchblätter, fein gehackt
- 1–2 Tassen Gemüsebrühe
- 10 g Butter
- 60 g Schinkenspeck
- 5 Brötchen
- 3 Eier
- 1/8 l Milch
- Semmelbrösel nach Bedarf
- 70 g Parmesan, gerieben
- Oregano
- Liebstöckel
- Salz, Pfeffer, Muskat
- 50 g Butter
- 70 g Parmesan, gehobelt

Die gehackte Zwiebel oder Bärlauchblätter mit dem gewürfelten Schinkenspeck in der Butter kurz anbraten. Gehackte Spinatkräuter mit Brühe zugeben und etwa 10–15 Minuten dünsten. Brötchen zerkleinern und in den verquirlten Eiern einweichen, mit Salz, Pfeffer und Muskat würzen. Eingeweichte Brötchen mit Spinat, geriebenem Parmesan, Oregano und Lieb-

stöckelblättern gut verkneten zu einem festen Kloßteig. Sollte der Teig zu weich sein, Semmelbrösel einarbeiten. Mit nassen Händen Klöße formen und in siedendem Salzwasser 8–10 Minuten garen. Wenn die Klöße oben schwimmen, mit einem Schaumlöffel vorsichtig herausheben. Vor dem Servieren zerlassene Butter und gehobelten Parmesan darüber geben.
→ Als Beilage oder solo ein leckeres Gericht. Statt Bärlauch kann auch Knoblauchsrauke verwendet werden.

Spieß mit Salbei
- 4oo g Grillfleisch in Würfeln vom Kalb, Schwein, Lamm, Geflügel für 8 Spieße
- 40 Blätter Salbei, 5 pro Spieß
- 1 Zucchini
- 2 Fleischtomaten oder 16 Kirschtomaten
- 24 Oliven
- 8 Knoblauchzehen
- Olivenöl
- Kräutersalz, Pfeffer, Paprika

Zucchini und Fleischtomaten grob würfeln. Fleischwürfel mit je einem Salbeiblatt umlegen, im Wechsel mit Zucchini, Oliven, Tomaten und Knoblauch aufspießen. Die aufgereihten Spieße leicht einölen und würzen. Auf dem Grill knusprig garen. Ab und zu wenden.
→ Dazu passen Tsatsiki oder andere Kräutersoßen.

Lamm mit Minzsoße
- 8 Lammkoteletts

Marinade
- Saft von 2 Orangen
- etwas abgeriebene Orangenschale
- 1 Zweig Rosmarin oder Lavendel
- 1 Zweig Oregano
- 2 Zweige Thymian
- einige Spritzer Tabasco
- 1/8 l Olivenöl
- Salz, Pfeffer

Minzsoße
- fein gehackte Blätter von 2-3 Minzzweigen
- 3 Esslöffel Zucker
- 1 Esslöffel Salz
- 1–2 Tassen Rotweinessig
- 1 Tasse Wasser

Die Lammkoteletts abtupfen, Fettränder mehrmals einschneiden. Die Zutaten der Marinade gut vermengen und das Fleisch zugedeckt mindestens 12 Stunden im Kühlschrank marinieren. Für die Minzsoße alle Zutaten gut verrühren, bis sich Zucker und Salz aufgelöst haben. Die Lammkoteletts aus der Marinade nehmen, abtupfen, mit Olivenöl bestreichen, salzen und pfeffern. Auf dem gut angeheizten Grill die Koteletts von jeder Seite 3–4 Minuten grillen und mit der Minzsoße servieren.

Schweinebraten Toscana im Römertopf
(Foto Seite 54)
- 1 kg magerer Schweinebraten
- Frische Kräuterblätter:
  4 Zweige Rosmarin, 1 Zweig Ysop

oder Bohnenkraut, 1 Zweig Majoran, 3 Salbeiblätter, 1/2 Teelöffel Beifuß
- 1 Lorbeerblatt
- 2 Knoblauchzehen
- 1 Esslöffel Nusskerne
- 1 Tomate
- einige Fenchelsamen, gemörsert
- Salz, Pfeffer
- 1 Teelöffel Senf
- 2 Esslöffel Olivenöl
- 1/4 l Weißwein
- 500 g Kartoffeln
- 1 Bund Lauchzwiebeln, grob geschnitten

Die Hälfte der Rosmarinnadeln, die geschälte Knoblauchzehe, alle Kräuter, Tomate und Nusskerne hacken. Fenchelsamen, Salz und Pfeffer mit dem Olivenöl und den Kräutern zu einer Paste rühren. Braten auf der Oberseite mehrmals diagonal etwa 1 cm tief einschneiden (dabei nicht über den Rand hinausschneiden, es sollen Taschen sein). In die Einschnitte die Kräuterpaste gut einstreichen. Den letzten Rosmarinzweig auf das Fleisch legen und alles mit Küchengarn zusammenbinden. Den Braten in den gewässerten Römertopf geben, die Hälfte der Lauchzwiebeln und das Lorbeerblatt dazu geben und den Weißwein angießen. Den geschlossenen Römertopf in den Backofen geben und auf 200 °C hochheizen. Kartoffeln in Stücke schneiden und nach 30 Minuten mit den restlichen Lauchzwiebeln zugeben. Weitere 10 Minuten mit geschlossenem Deckel garen. Danach ohne Deckel 15–20 Minuten weitergaren, so bekommt der Braten eine Kruste.

→ Zusätzlich zu den Lauchzwiebeln kann auch noch anderes Gemüse mitgeschmort werden. Gut zu Schweinebraten passen Möhren, Blumenkohl oder Brokkoli.

Hauptgerichte mit Fisch

Dill-Rahm-Matjes
- 4 Matjes-Doppelfilets
- 400 g saure Sahne
- 200 g Naturjoghurt
- 1 Zwiebel in dünnen Ringen
- 1 Apfel in dünnen Scheiben
- 1 Teelöffel Kapern
- 1 Teelöffel Weinessig
- 6 Zweige Dill, geschnitten
- 1 Zweig Zitronenmelisse, gehackt
- Salz, Pfeffer

Die Matjesfilets auf einzelne Teller legen oder alle auf eine Platte. Aus den Zutaten eine cremige Soße rühren und diese über die Matjes geben. Mit einigen Dillzweigen und Kapern garnieren.
→ Konservierte Matjesfilets müssen meistens zuvor gewässert werden.

Fischauflauf mit Kräutern
(Foto rechts)
- 400 g Seelachsfilet
- 5 Esslöffel frische Kräuter, gehackt: Dill, Schnittlauch, Kerbel oder Petersilie, Pimpinelle, Fenchelkraut, Schwarznessel oder Zitronenmelisse
- 1 Zwiebel
- 2 Tomaten
- 1/2 Paprika
- 1 mittelgroße Gartengurke
- 2 Becher saure Sahne
- 2 Becher Joghurt
- 1/2 kleine Peperoni
- Salz, Pfeffer
- Zitronensaft

Das Gemüse in feine Streifen oder Scheiben schneiden. In einer leicht gefetteten, feuerfesten Form (mit Deckel) einen Becher Joghurt verteilen. Die Hälfte des Fischfilets darauf geben und mit Zitrone beträufeln. Die Hälfte des Gemüses mit einem Drittel der Kräuter darauf verteilen und mit Salz und Pfeffer würzen. 1 Becher saure Sahne mit dem zweiten Joghurt mischen und darüber geben. Den restlichen Fisch darauf verteilen. Das restliche Gemüse mit dem zweiten Drittel der Kräuter über den Fisch geben und würzen. Den zweiten Becher saure Sahne darauf verstreichen und mit den letzten Kräutern bestreuen. Mit geschlossenem Deckel bei 200 °C 20–30 Minuten im Backofen garen. Nach 15 Minuten den Deckel abnehmen, um den Auflauf zu gratinieren.
→ Dazu passen Reis oder Kartoffeln.

Spaghetti mit Lachs und Kresse à la Mama

(Foto rechts)
- 350 g Spaghetti
- 200 g Räucherlachs
- 200 g Brunnenkresse
- 2 Schalotten, fein gehackt
- 1 Esslöffel Butter
- 125 g Schmand
- 1 Becher saure Sahne
- 1 Esslöffel Dijonsenf
- abgeriebene Orangenschale
- einige Spritzer Orangensaft
- Salz, schwarzer Pfeffer

Schalotten in der Butter andünsten, Schmand und saure Sahne einrühren und weiterköcheln. Mit Senf, Salz, Pfeffer, Orangenschalen und -saft abschmecken und auf kleiner Flamme köcheln lassen. Den Lachs grob zerteilen. Kresse waschen und grob hacken. Spaghetti al dente kochen, sofort mit der Sahne-Orangencreme mischen. Auf vorgewärmte Teller geben, Lachs und Kresse darauf verteilen, mit Pfeffer aus der Mühle abpfeffern und sofort servieren.

Lachssteak in Dillsoße

- 4 Lachssteaks
- 50 g Dill, fein geschnitten
- 3 Frühlingszwiebeln, fein gehackt ohne Grün
- 40 g Butter
- 1/4 l Weißwein (nicht zu trocken)
- 1/8 l Sahne
- 1/8 l Fischsud oder -brühe
- 100 g Crème fraîche
- Salz, Pfeffer
- Öl zum Anbraten

Die Lachssteaks leicht salzen und pfeffern und in heißem Öl von jeder Seite 2–3 Minuten anbraten. Herausnehmen und warm stellen. In der Pfanne die Butter zerlassen und die Frühlingszwiebeln andünsten, mit Sahne und Weißwein ablöschen und 10 Minuten einköcheln. Fischsud und Dill zugeben, mit Salz und Pfeffer abschmecken. Zuletzt die Crème fraîche unterrühren. Die Lachssteaks nochmals kurz in die Soße geben und dann auf vorgewärmten Tellern servieren.
→ Servieren mit Kartoffeln, Reis oder Bandnudeln.

Seezunge in Estragonsoße

- 500 g Seezungen-Filet
- 3 Esslöffel Öl oder Butter
- 1/2 Tasse Weißwein
- 1/4 l Sahne oder Crème fraîche
- 4–6 Zweige frischer Estragon
- 1 Teelöffel frischer Ingwer, gepresst
- Salz, Pfeffer, Zitrone

Die Fischfilets mit Zitrone beträufeln und mit Salz und Pfeffer würzen. Von beiden Seiten kurz anbraten, aus der Pfanne nehmen und warm stellen. Die gehackten Estragonblätter kurz in derselben Pfanne anschmoren, mit Weißwein ablöschen, Ingwer zugeben und etwas einköcheln. Die Sahne zugeben und nach kurzem Köcheln mit dem Fisch servieren. Mit Pfeffer aus der Mühle kurz abpfeffern.
→ Die Estragonsoße ist auch sehr lecker zu Geflügel.

Zander, gekräutert
(Foto oben)
- 4 Zanderfilets (700–800 g)
- 1 Bund Petersilie
- 1 Bund Dill
- 1 kleiner Bund Kerbel
- 1 kleiner Bund Estragon
- 1 Knoblauchzehe
- Salz, weißer Pfeffer
- Saft einer Zitrone
- 6 Esslöffel Butter

Zanderfilets abwaschen und trockentupfen. Die Filets auf eine Platte legen und mit den grob geschnittenen Kräutern belegen. Knoblauchzehe mit Salz zerdrücken und mit Salz und Pfeffer auf den Kräutern verteilen. Mit Zitronensaft beträufeln und mit Alufolie abdecken. Mit einer zweiten Platte beschweren und im Kühlschrank mindestens 12 Stunden durchziehen lassen. 4 Esslöffel Butter in einer großen Pfanne erhitzen und die Filets darin auf beiden Seiten je 3 Minuten anbraten. Aus der Pfanne nehmen und in eine feuerfeste Form legen. Die restliche Butter als Flöckchen darauf verteilen und im vorgeheizten Backofen bei 200 °C noch 10–15 Minuten backen. Mit Reis und Salat servieren.
→ Dieses Rezept eignet sich auch für Lamm, Geflügel und Schweinefleisch.

Makrele mit Kräutern
- 4 junge Makrelen
- Je 4 Zweige frische Kräuter: Zitronenthymian, Majoran, Quendel, Petersilie, Zitronenmelisse
- 4 Knoblauchzehen in Streifen
- Olivenöl

Die geöffneten, ausgenommenen Makrelen mit je einem Kräuterzweig und Knoblauch füllen. Fest hineindrücken, notfalls mit einem Zahnstocher oder Küchengarn fixieren. Die Fische einölen und auf dem Grill garen.
→ Dazu passen Minzsoße, Mojo, Kräuter-Aioli, Joghurtsoße, Mayonnaise und weitere Grüne Soßen.

Kalte Soßen

Pesto und andere

Grüne Soßen sind ein weites Feld mediterranen Ursprungs. Es gibt unzählige Rezepte auf der Basis von Basilikum mit Pinienkernen, Olivenöl, Salz und Knoblauch. Aber auch andere Kräuter wie Bärlauch, Rucola und Petersilie sowie die Kerne von Walnüssen, Erdnüssen, Mandeln und Sonnenblumen sind bestens geeignet. Anstelle von Nüssen können auch gut Kräcker oder Semmelbrösel verwendet werden.

Andere Pflanzenöle wie Erdnuss-, Walnuss-, Sesam-, Distel-, Sonnenblumen- und Sojaöl sind dezenter im Geschmack und die Kräuter kommen besser zur Geltung. Wichtig ist, dass alles gut vermixt wird zu einer glatten grünen Soße. Salz, Pfeffer, Essig oder Zitrone machen das Aroma rund.

Wer Parmesan oder Pecorino untermischen will, solllte das erst kurz vor dem Verzehr tun. Der Käse kann den Geschmack und die Haltbarkeit negativ beeinflussen. Pesto sollte stets mit einer Schicht Öl bedeckt werden und hält gekühlt einige Wochen. Trotzdem empfiehlt sich die Herstellung von nur kleinen Mengen, da es frisch am besten schmeckt und schnell zubereitet ist. Pesto passt gut zu Pasta, Fleisch, Fisch, Reis, Couscous und Weißbrot (Crostini).

Bärlauchpesto

- 80 g Bärlauchblätter
- 6 Esslöffel Nusskerne
- 8 Esslöffel Erdnuss- oder Pflanzenöl
- 1–2 Esslöffel Balsamico-Essig
- Salz, Pfeffer

Die frischen, sauberen Bärlauchblätter sehr fein hacken. Alle Zutaten mit dem Mixstab sehr fein pürieren.
→ Dieses Pesto kann ebenso mit **Rucola** oder **Basilikum** und Knoblauch hergestellt werden (**Pesto genovese**). Es kann auch mit getrockneten oder eingelegten Tomaten angereichert werden (**Pesto rosso**).

Salsa verde (Foto Seite 61)

- 100 g Basilikum oder glatte Petersilie
- 2 Knoblauchzehen
- 2 Esslöffel schwarze Oliven
- 1 Esslöffel Essig oder Zitrone
- 30 g Pinienkerne
- 3 Sardellenfilets
- 7 Esslöffel Olivenöl
- 1 Teelöffel Senf
- Pfeffer

Die Kräuter waschen und sehr fein hacken. Oliven, Sardellenfilets und Pi-

Sauce verte

Rucolapaste

Bärlauchpaste

nienkerne zerkleinern. Alle Zutaten mit dem Pürierstab fein pürieren.
→ Passt zu Roastbeef, allen Fischarten und Brot.

Sauce verte
- 8 Esslöffel frische Kräuter: Löwenzahn, Estragon oder Rosmarin, Schnittlauch, Petersilie, Thymian, Portulak
- 2 hart gekochte Eier
- 2 Knoblauchzehen
- 1 Teelöffel Dijon-Senf
- 3 Esslöffel Olivenöl
- 3 Esslöffel Pflanzenöl
- Sellerie- oder Meersalz
- Pfeffer
- 1 Teelöffel Kräuteressig oder Zitrone

Kräuter sehr fein hacken. Knoblauch zerdrücken, die hart gekochten Eier hacken und alle Zutaten mit Gabel oder Schneebesen gut vermischen. Mit Salz, Pfeffer und Essig oder Zitrone abschmecken.
→ Passt gut zu Fisch.

Mojo
- je 3 Esslöffel frische Petersilie und frisches Koriandergrün
- 2 Teelöffel grüner Pfeffer
- 20 g Erdnusskerne
- 5 Esslöffel Olivenöl
- 1 Esslöffel Essig
- Salz
- 2 Prisen Cumin, gemahlen

Kräuter und Nusskerne hacken, grünen Pfeffer zerdrücken und alle Zutaten gut mit dem Pürierstab mixen. Mit Salz und Cumin abschmecken.
→ Zu Meerestieren, Fisch und Lamm vom Grill.

Frankfurter Grüne Soße
- 100 g frische Kräuter, z. B. Brunnenkresse, Borretsch, Estragon, Kerbel, Dill, Petersilie, Pimpinelle, Schnittlauch, Sauerampfer, frischer Majoran

Es gibt sehr viele verschiedene Kräutermischungen für die berühmte Frankfurter Soße. Es sollten mindestens 7

 *Mojo*
 *Dillmayonnaise*
 *Salsa verde*

Kräuter sein und nicht fehlen dürfen Petersilie, Pimpinelle, Estragon und Schnittlauch.

- 2 Esslöffel Kapern (auch aus Blütenknospen, siehe Seite 76)
- 1 Teelöffel Senf
- 3 harte Eigelb
- 3 Esslöffel Sonnenblumen- oder Walnussöl
- 2 Esslöffel Kräuter- oder Weinessig
- 3 Esslöffel saure Sahne
- 3 Esslöffel Quark
- Salz
- Pfeffer
- 2 Prisen Zucker

Kräuter waschen und sehr fein hacken. Kapern und Eigelbe zerkleinern, mit allen Zutaten gut vermengen.
→ Zu Kartoffeln, Fisch oder gekochtem Fleisch.

Pasten aus Kräutern sind ein Hochgenuss auf Crostini und Brot, gleichzeitig auch **Ersatz für Butter, Wurst und Käse**. Sie werden ebenso im Mixer oder mit dem Mixstab hergestellt wie Pesto. Die Grundlage bieten in Salzwasser weich gekochte Hülsenfrüchte wie Soja, rote Linsen und Kichererbsen (Hummus). Die Geschmeidigkeit wird bestimmt durch Verwendung von mehr oder weniger Öl.

Bärlauchpaste
- 50 g Sojabohnen, über Nacht eingeweicht und gar gekocht
- 30–40 g Bärlauchblätter, gehackt
- 7–8 Esslöffel Sesamöl
- 1 Esslöffel Apfelessig
- Salz, Pfeffer

Alle Zutaten mit dem Mixstab nach Geschmack mehr oder weniger fein pürieren.

Petersilie-Basilikum-Paste
- 50 g Sojabohnen, über Nacht eingeweicht und gar gekocht
- 20 g Petersilie, gehackt

- 20 g Basilikum, gehackt
- 7–8 Esslöffel Erdnussöl
- 1 Esslöffel Balsamico-Essig
- Salz
- 1 Teelöffel rote Pfefferkörner

Alle Zutaten mit dem Mixstab fein pürieren.

Rucolapaste (Foto Seite 60)
- 50 g rote Linsen, gar gekocht
- 30–40 g Rucolablätter, geschnitten
- 5 Esslöffel Sesam- oder Distelöl
- 1 Esslöffel Balsamico-Essig
- wenig Salz

Alle Zutaten mit dem Mixstab fein pürieren.

Hummus mit Kräutern
- 100 g Kichererbsen
- 1/2 kleine Peperoni
- 2 Knoblauchzehen, mit Salz zerdrückt
- 4 Esslöffel Oliven- oder Walnussöl
- 4 Esslöffel Sonnenblumenöl
- 1 Esslöffel Zitronensaft oder Essig
- 4 Esslöffel Kräuter: Bärlauch, Knoblauchsrauke, Petersilie, Schnittlauch
- Salz, Pfeffer

Kichererbsen über Nacht in Wasser einweichen lassen und 20 Minuten in Salzwasser gar kochen. Mit Öl, den gehackten Kräutern, Knoblauch und Peperoni zu einer mehr oder weniger feinen, homogenen Masse pürieren. Mit Zitronensaft, Pfeffer und Salz abschmecken.
→ Trockenkräuter können gleich mitgekocht werden.

Mayonnaise erhält ihr Volumen durch das Emulgieren von Ei und Öl. Sie wird mit Würzzutaten verfeinert zu Remouladesoße, Sauce tartare oder zu spezieller Kräuter-Mayonnaise mit Dill (Foto Seite 61), Kresse, Sauerampfer und weiteren Kräutern.

Grundrezept Mayonnaise
(Fotos Seite 63)
Mayonnaise gelingt am besten mit dem Mixstab bei hoher Umdrehungszahl. Dabei kann man sogar das Eiweiß mitverwenden.

Für 250 g Mayonnaise:
- 1 rohes Ei oder Eigelb
- 1 Esslöffel Weinessig
- 3 Prisen Salz
- 1 Prise Zucker
- 1 Teelöffel Senf
- 1 Spritzer Flüssigwürze
- 1/2 Teelöffel Liebstöckelpulver
- 230 g Sonnenblumenöl

Alle Zutaten (zimmerwarm) in ein enges Gefäß (Mixbecher) füllen. Den Mixstab auf den Grund des Gefäßes stellen und einschalten. In eingeschaltetem Zustand den Mixstab langsam nach oben bewegen und die Mayonnaise hochziehen.

Kräuter-Mayo mit Bärlauch
- 250 g Mayonnaise
- 50 g frische Kräuter: Bärlauch, Petersilie, Schnittlauch

Die Kräuter sehr fein hacken oder mit dem Mixstab fein zerkleinern. Die fein zerhackten Kräuter mit der Mayonnaise vermengen.

Remoulade

- 250 g Mayonnaise
- 50 g frische Kräuter: Dill, Petersilie, Schnittlauch, Portulak
- 1 Esslöffel Kapern
- 1 Teelöffel süßer Senf
- 1 kleine gehackte Gewürzgurke nach Belieben

Die Kräuter und die Kapern sehr fein hacken und mit dem Senf und der Gurke in die Mayonnaise einrühren.
→ Auch sehr delikat mit Sauerampfer, Sauerklee und Kerbel anstelle von Dill und Petersilie.

Cremes sind sehr dickflüssige Soßen und Dips, die Sahne, saure Sahne, Schmand, Crème fraîche, oft auch vermischt mit Joghurt und Quark, als Volumenträger beinhalten.

Wiesenkräutercreme

- 1–2 Esslöffel Wiesenschaumkrautblätter
- 2 Esslöffel Kresse
- 2 Esslöffel junger Sauerampfer
- 1/2 geraspelter Apfel
- 3 Teelöffel Obstessig
- 2 Esslöffel Naturjoghurt
- 2 Esslöffel Mayonnaise
- 150 g geschlagene Sahne
- Salz, Pfeffer

Die fein gehackten Kräuter mit dem geraspelten Apfel, Salz, Pfeffer und Obstessig verrühren. Dann mit Joghurt, Mayonnaise und geschlagener Sahne vermengen.
→ Zu geräuchertem Fisch oder als Kräuter-Dip.

Champignon-Kräuter-Creme

- 2–3 mittelgroße Champignons
- Frische Kräuter, klein geschnitten:
  2 Esslöffel Petersilie,
  1 Esslöffel Basilikum,
  1 Teelöffel Dill
- 2 Esslöffel Pflanzenöl
- 3 Prisen Salz
- 2 Prisen Zucker
- einige Tropfen Zitronensaft
- 1/8 Avocado in Stücken

Champignons, Avocado, Kräuter, Gewürze und Öl mit dem Pürierstab zu einer Creme pürieren. Nach Bedarf nachwürzen und nochmals mixen.
→ Ein guter Brotaufstrich für Crostinis oder als Dip. Immer kleine Mengen frisch herstellen.

Kräuter-Joghurt-Sauce

- 400 g Joghurt
- 4–6 Esslöffel frische gehackte Kräuter: Oregano, Ysop, Dill, Minze, Portulak, Kresse, Zitronenmelisse
- 2 Knoblauchzehen
- 2 Esslöffel Tomatenmark
- Salz

Die fein gehackten Knoblauchzehen mit Salz bestreuen und mit der Gabel zerdrücken. Die sehr fein gehackten Kräuter mit Tomatenmark, Knoblauch und Joghurt gut vermengen. Die Soße gekühlt servieren.
→ Diese Soße passt sehr gut zu kaltem oder warmem Sommergemüse wie Auberginen, Zucchini, Ratatouille oder auch zu Krabben.

Weitere kalte Soßen...

- Bärlauch-Aioli siehe Avocado, Seite 28
- Estragon-Kräuter-Dip siehe Artischocken, Seite 25
- Avocado-Kräuter-Creme siehe gefüllte Tomaten, Seite 28
- Kräuter-Mousse siehe Räucherfisch, Seite 30
- Minzsoße siehe Lamm, Seite 53

Warme Soßen

Petersilienschaum
- 1 Bund Petersilie
- 140 g Butter
- 200 g Wasser
- Salz

Butter und Wasser aufkochen. Grob gehackte Petersilie hineingeben und sehr kurz mitkochen. Alles mit dem Pürierstab oder im Mixer pürieren und vorsichtig mit Salz würzen.
→ Passt gut zu gekochten Kartoffeln und zu gedämpftem Fisch.

Sauce Béarnaise
(Foto unten)
- 3 Esslöffel fein gehackte, frische Kräuter: Estragon, Kerbel, Petersilie, Pimpinelle
- 1 kleine Schalotte, sehr fein gehackt
- 1 Esslöffel Butter
- 3 Eigelb
- 3–4 Esslöffel Spargelsud oder Gemüsebrühe
- 2 Esslöffel Weißwein- oder Estragon-Essig
- einige Tropfen Zitronensaft
- Worcestersoße
- Salz, Pfeffer

Die Schalotte in der zerlassenen Butter kurz andünsten. Die Eigelbe mit dem Schneebesen schaumig rühren, dann mit Weißwein, Pfeffer, Zitrone und Sud oder Brühe über dem Wasserbad (65 °C) aufschlagen. Die Butter mit der Zwiebel nach und nach hinzufügen. Die cremige Masse unter Beigabe der Kräuter und Gewürze weiter-

schlagen. Abschmecken. Obwohl Estragon und Kerbel den Charakter der Sauce Béarnaise bestimmen, soll sie abgerundet und fein würzig-mild, aber kaum säuerlich-scharf sein.
→ Schmeckt hervorragend zu Spargel und hellen Gemüsen, Artischocken, Fisch und hellem Fleisch.

Sauerampfersoße

- 60–80 g Sauerampfer
- 1/2 l Bouillon
- 4 Esslöffel Weißwein
- 1/2 l süße Sahne
- 1 Eigelb

Bouillon, Weißwein und Sahne aufkochen und bei niedriger Hitze 8–10 Minuten reduzieren. Den sehr fein gehackten Sauerampfer dazugeben und nach 3 Minuten mit dem Pürierstab pürieren. Zuletzt das Eigelb unterziehen. Wenn die Soße sämiger sein soll, kann nach Bedarf 1 Esslöffel Mehlbutter eingerührt werden.
→ Passt zu Hopfensprossen, Spargel oder Fisch.

Kapernsoße mit Dill

- 50 g frische Dillblättchen
- 1 Stängel Liebstöckelblätter, fein gehackt
- 20–30 g Butter
- 2–3 Esslöffel (Grünkern-)Mehl
- 1/2 l Wasser
- 1 Teelöffel Dijonsenf
- 2 Esslöffel Kapern (siehe Seite 76)
- 50 g Sahne
- 1 Eigelb
- etwas Zitrone
- Salz, Pfeffer
- evtl. Weißwein

Aus Butter, Mehl und Wasser eine Béchamelsoße herstellen. Kräuter, Senf und Kapern zugeben, 3–5 Minuten mitköcheln und würzen. Sahne und Eigelb verrühren und langsam unterziehen. Zuletzt nach Belieben mit einem Schuss Weißwein abschmecken.
→ Leckere Soße zu Fisch und Kräuterklößen.

Weitere warme Soßen...

- Estragonsoße siehe Artischocken, Seite 26
- Estragonsoße siehe Seezunge, Seite 56
- Dillsoße siehe Lachssteak, Seite 56

Kräuterbutter

Sauerampferbutter
- 2 Esslöffel junge gehackte Sauerampferblätter
- 50 g Butter
- etwas Zitronensaft
- Salz

Sauerampferblätter ohne Stiele sehr fein hacken oder wiegen. Mit 1–2 Prisen Salz bestreuen, nochmals hacken und mit einer Gabel gut zerdrücken. Mit einigen Tropfen Zitronensaft beträufeln und mit der zimmerwarmen Butter mit einer Gabel sehr gut vermengen. Im Kühlschrank fest werden lassen. Ähnlich lange haltbar wie Butter.
→ Zu Fisch oder Spargel.

Salbeibutter
- 1 1/2 Esslöffel junge gehackte Salbeiblätter
- 50 g Butter
- Salz

Salbeiblätter ohne Stiele sehr fein hacken oder wiegen und mit der zimmerwarmen Butter mit einer Gabel sehr gut vermengen. Mit 2–3 Prisen Salz abschmecken, durchmengen und im Kühlschrank fest werden lassen.
→ Zu Pellkartoffeln oder Bauernbrot.

Schnittlauchbutter
- 2 Esslöffel Schnittlauch, gehackt
- 50 g Butter
- Salz oder Kräutersalz

Schnittlauch in sehr feine Röllchen schneiden, mit etwas Salz und der zimmerwarmen Butter mit einer Gabel sehr gut vermengen. Anschließend im Kühlschrank fest werden lassen.
→ Zu Lamm-, Kalb- und Putenfleisch oder Leberschnitten.

Bärlauchbutter
- 1 1/2 Esslöffel gehackte Bärlauchblätter
- 50 g Butter
- Salz, Pfeffer
- 1 Teelöffel Olivenöl

Sauerampfer — Salbei — Schnittlauch — Bärlauch

Bärlauchblätter sehr fein hacken, mit 2 Prisen Salz bestreuen, nochmals hacken oder wiegen und mit einer Gabel gut zerdrücken. Diesen Kräuterbrei mit Pfeffer, Öl und der zimmerwarmen Butter mit einer Gabel gut vermengen. Anschließend im Kühlschrank fest werden lassen.
→ Vielseitig verwendbar; zu gebratenem Fleisch und Fisch, Kartoffeln und Baguette.

Estragonbutter mit Kapern
- 50 g Butter
- 1/2 Bund Estragon
- 1 Stängel glatte Petersilie
- 1 Esslöffel Kapern (siehe Seite 76)
- etwas Zitronensaft
- einige Tropfen Worcestersoße
- Salz

Die Butter zerlassen, gehackten Estragon und Kapern zugeben. Mit der Gabel vermengen und mit Salz, Worcestersoße und Zitronensaft abschmecken. Erkalten lassen. Hält im Kühlschrank ähnlich lang wie Butter.
→ Passt gut zu gegrilltem und gebratenem Fisch, auch zu Geflügel.

Sauerkleebutter
- 2 Esslöffel Sauerklee
- 1 Esslöffel Petersilie
- 50 g Butter
- Salz

Die Butter zerlassen. Kräuter sehr fein wiegen, mit der warmen Butter vermengen und salzen. Erkalten lassen.
→ Passt gut zu Fisch.

Kräuterbutter
(Foto oben)
- 100 g Butter
- 7 Esslöffel frische, sehr fein gehackte Kräuter, wahlweise:
  Bärlauch oder Knoblauchsrauke, Schnittlauch oder Schnittknoblauch, Petersilie oder Giersch, Dill oder Fenchelkraut, Estragon, Pimpinelle, Zitronenmelisse oder Minze, Borretsch, Bohnenkraut, Ysop, Thymian/Quendel, Oregano/Dost
- 3–4 Knoblauchzehen
- etwas Curry
- etwas Paprikapulver
- Salz, Pfeffer

Die Knoblauchzehen mit Salz zerdrücken und alle Zutaten mit einer Gabel gut vermengen.
→ Ersetzt Brotaufstrich, passt gut zu Steaks, Fisch und Weinbergschnecken. Gelingt auch mit gemörserten oder pulverisierten Trockenkräutern.

Desserts

Sorbet mit Kräutern

- 2 Esslöffel sehr fein gehackte Kräuter: Zitronenmelisse, Minze, Waldmeister und Mädesüßblüten
- 2 Eiweiß
- 4 Esslöffel Zucker
- Abgeriebene Schale von 1 Zitrone
- 80 ml Wasser oder Weißwein
- 1 Blatt weiße Gelatine

Wasser oder Weißwein mit dem Zucker kurz aufkochen lassen. Die eingeweichte, ausgedrückte Gelatine, Zitronenschale und Kräuter unterrühren und erkalten lassen. Eiweiße mit 1 Esslöffel Wasser sehr steif schlagen. Den Eischnee vorsichtig unter die halb erkaltete Masse (eine Gabel muss beim Durchziehen Spuren hinterlassen) heben. In Dessertgläser füllen und im Kühlschrank (nicht in der Tiefkühltruhe) erkalten lassen. Mit Erdbeeren, Kompott oder Maraschino servieren, garniert mit einigen Kräuterblättchen.

Minze-Vanillecreme mit Kräuterblüten

(Foto unten)
- 3 Zweige Minze
- 2 Zweige Zitronenmelisse
- 300 g Sahne
- 200 g Wasser
- 1/8 l Weißwein
- Mark von 2 Vanilleschoten
- 3 Esslöffel Zucker
- abgeriebene Schale von 1 Zitrone
- 4 Blatt weiße Gelatine
- 1 Esslöffel Kräuterblüten

Gelatine in kaltem Wasser einweichen. Die Minze- und Melissenzweige mit Vanillemark und Zitronenschale in Sahne und Wasser aufkochen und kurz ziehen lassen. Zweige herausnehmen,

Zucker und Weißwein hineingeben und die ausgedrückte Gelatine einrühren. Auf Dessertschalen verteilen und erkalten lassen. Mit Thymian-, Majoran- oder anderen Kräuterblüten garnieren.
→ Dazu passen Beeren, Fruchtsirup oder Likör. Auch mit Trockenkräutern herstellbar.

Minz-Panna cotta
- 1/2 l Sahne
- 50 g Zucker
- 6–8 Pfefferminzblätter
- 6–8 Basilikumblätter
- 8 Blatt weiße Gelatine
- 2 Vanilleschoten

Sahne mit dem Zucker, den Kräuterblättern und der ausgekratzten Vanille erhitzen. Vom Herd nehmen und 15 Minuten ziehen lassen. Die Blätter entfernen (durch ein Sieb gießen) und die eingeweichten, ausgedrückten Gelatineblätter einrühren. Die Panna cotta abkühlen lassen und am Anfang noch ab und zu durchrühren. In kalt ausgespülte Förmchen geben und 2–3 Stunden kühl stellen. Auf Teller stürzen und mit Minzblättchen dekorieren.
→ Sehr gut mit etwas Cointreau oder Mädesüß-Likör (siehe Seite 72).

Apfel-Götterspeise mit Kräutern (Foto rechts)
- 2 Zweige Zitronenmelisse
- 3–4 Zweige Quendel/Thymian
- 1 Stängel Mädesüß
- 1/2 l Apfelsaft
- 2 Äpfel
- 4 Blatt weiße Gelatine
- 1/2 Zitrone, unbehandelt
- 2 Esslöffel Zucker

Zitrone dünn abschälen. Äpfel schälen und entkernen, vierteln und in dünne Scheiben hobeln. Gelatineblätter in kaltem Wasser einweichen. Apfelsaft mit Zitronenmelisse, Quendel, Mädesüßblättern und Zitronenschalen aufkochen und 3–5 Minuten ziehen lassen. Kräuterzweige, Blätter und Zitronenschale herausnehmen. Apfelscheiben zugeben und nochmals 2 Minuten köcheln lassen. Von der Kochstelle nehmen und die ausgedrückten Gelatineblätter einrühren. In Dessertgläser füllen, erkalten lassen und stürzen.

Waldmeister-Schaumcreme
- 2 Esslöffel sehr fein gehackte Waldmeisterblätter (vor der Blüte gesammelt)
- 3 Eier
- 80 g Zucker
- 15 g Vanillezucker
- 2 Esslöffel Limetten- oder Orangensaft
- 1/2 l Weißwein
- 4 Blatt weiße Gelatine
- 6 Esslöffel Grand Marnier

Gelatine in kaltem Wasser einweichen. Wenig Weißwein erhitzen, den gehackten Waldmeister damit übergießen und stehen lassen. 3 Eigelbe mit Zucker und Vanillezucker schaumig rühren, mit dem Wein und den eingeweichten und ausgedrückten Gelatineblättern kurz aufkochen. Nach Abkühlen Limetten- oder Orangensaft, Waldmeister und den sehr steif geschlagenen Eischnee vorsichtig einrüh-

ren. In eine Schüssel oder in Portionsschalen füllen und im Kühlschrank fest werden lassen. Mit Grand Marnier oder Likör aus Zitronenmelisse (siehe Rezept Kräuterlikör rechts) servieren.

Zabaione mit Basilikum
(Foto unten)
- 5 Eigelbe
- 50 g brauner Zucker
- Blätter von 8–10 Stängeln Basilikum
- 1/4 l trockener Weißwein
- 100 ml trockener Sekt
- 1 Spritzer Balsamico-Essig

Basilikumblätter abzupfen und ganz fein hacken. Den Weißwein mit Zucker und gehackten Basilikumblättern erwärmen, bis der Zucker geschmolzen ist. Alles in einen Schlagtopf geben. Eigelbe und Balsamico-Essig dazugeben und im heißen Wasserbad mit dem Schneebesen schaumig aufschlagen. Sofort in Gläser füllen und servieren. Nach Belieben mit Erdbeeren oder anderen Früchten und Basilikumblättern garnieren.

→ Größere Mengen sollten in mehreren Durchgängen hergestellt werden.

Kräuterlikör
- 250 g Zucker
- 100 g Wasser
- 800 g Wodka
- 1 Zitrone, gepresst
- 1 Orange, gepresst
- 50–60 g gehackte Kräuter, besonders geeignet sind: Pfefferminze, Zitronenmelisse, Mädesüß, Basilikum, Rosmarin, Salbei, Thymian, Ysop und Duftpelargonien

Aus Zucker und Wasser eine Zuckermelasse kochen. Etwas abkühlen lassen. Die gehackten Kräuter in einem Schraubglas oder einer Flasche mit der warmen Zuckermelasse übergießen. Wodka, Orangen- und Zitronensaft dazugeben, fest verschließen und 6 Wochen stehen lassen. Hin und wieder schütteln. Nach 6 Wochen durchsieben und in Fläschchen füllen.
Ideal über Eis, Pudding und Crêpes. Es empfiehlt sich zunächst nur mit einem Kraut zu arbeiten; Mischungen sind jedoch auch möglich und spannend für Experimentierfreudige.

Kräuter konservieren

Trocknen von Kräutern

Trockenkräuter sind Küchenschätze, besonders im Winter. Gleich nach der Ernte bindet man aus den Zweigen Sträuße und hängt sie mit den Stängeln nach oben auf. Oder man legt die Pflanzen auf einem Gitter, Tuch oder einer Zeitung aus. Das Trocknen zartblättriger Kräuter wie zum Beispiel Basilikum, Kerbel oder junger Rauke gelingt nur in sehr fein geschnittener Form.

Wichtig für den Aromaerhalt ist, dass das Trocknen ohne Sonneneinwirkung in einem trockenen, gut durchlüfteten Raum geschieht. Die gut durchgetrockneten Blätter werden von den Stängeln abgestreift, die großblättrigen Kräuter werden **gerebelt** und mit Datum versehen in dunklen Gläsern aufbewahrt.

Trockenkräuter sollten zur guten Aromaentfaltung im Gegensatz zu frischen Kräutern 10 Minuten oder länger mitgekocht werden.

Bei einigen Kräutern verändert sich das Aroma sehr stark durch das Trocknen – zum Beispiel bei Estragon.

Aus Aroma-Trockenkräutern wie z. B. Lavendel, Thymian, Minze und Waldmeister lassen sich sehr einfach **Duftkissen** oder **-säckchen** und **Kräuterlikör** herstellen. Vor der Verwendung werden Trockenkräuter gemörsert oder in der Handfläche zerrieben. Welche Kräuter sich zum Trocknen eignen, steht zusammengefasst in der Tabelle auf Seite 118–121.

Eine besondere Form der Weiterverarbeitung von Trockenkräutern ist das Kräuterpulver und das Kräutersalz.

Kräuterpulver wird aus rascheltrockenen Kräutern hergestellt; notfalls vor dem Mahlen im Backofen bei 50 °C und leicht geöffneter Tür nachtrocknen. Die Trockenkräuter werden in einer Elektro-(Kaffee-)Mühle so lange gemahlen, bis sie pulverfein sind. Kräuterpulver sind beim Würzen sehr leicht zu dosieren.

Als reine Pulver sind Liebstöckel, Selleriekraut und Bohnenkraut besonders geeignet. Als Mischung lassen sich Petersilie, Liebstöckel, Selleriekraut und Bärlauch gut kombinieren. Als Provencepulver eignet sich eine

Mischung aus Oregano, Bohnenkraut, Rosmarin, Majoran, Thymian, Fenchelkraut, Estragon und Liebstöckel.
Kräutersalz entsteht aus Trockenkräutern und Meersalz. Man gibt 2 Esslöffel zerriebene Trockenkräuter mit 1 Esslöffel grobem Meersalz in die Elektromühle und mahlt das ganze nicht allzu fein. Kräutersalze lassen sich gut auf Vorrat herstellen, sie halten lange, geben ein wunderbares Aroma und sind leicht zu dosieren.

Als reine Kräutersalze sind Liebstöckel und Sellerie besonders geeignet. Als **Kräutersalzmischung** empfiehlt sich eine Kombination von Petersilie, Liebstöckel, Selleriekraut, Bohnenkraut und Bärlauch. Salz mit Provencekräutern enthält die gleiche Mischung wie das Kräuterpulver.

Einfrieren von Kräutern

Das Einfrieren ist für bestimmte Kräuter die geeignetste Konservierungsmethode – ideal für Petersilie und Dill. Man zerkleinert sie vor dem Einfrieren und verwendet sie beim Herausnehmen wie frische Kräuter. Das Aroma bleibt je nach Pflanze bis zu einem Jahr gut erhalten.

Welche Kräuter sich besonders zum Einfrieren eignen, steht zusammengefasst in der Tabelle auf Seite 118–121.

Essig und Öl

Kräuteressig passt zu herzhaften Salaten, zu Meeresfrüchten und Geflügel. Aromatisierter Rotweinessig oder Sherryessig mit Knoblauch und Rosmarin sind herrlich zu Fleisch und Fisch. Der Phantasie und Kreativität sind keine Grenzen gesetzt. Kräuteressig ist auch als Geschenk immer willkommen.

Für 500 ml Essig benötigt man etwa 60 g frische Kräuter. Die Kräuter etwas drücken oder quetschen und in eine sehr saubere Flasche geben, dann mit dem erwärmten Essig übergießen. Sämtliche Kräuter müssen gut bedeckt sein, sonst faulen sie. Die Flasche gut verschließen und etwa 14 Tage an einer hellen Fensterbank ziehen lassen. Hin und wieder schütteln. Nach 14 Tagen bis drei Wochen durchsieben und in die gewünschten Flaschen umfüllen, dunkel lagern. Entweder beschriften oder einen schönen Kräuterzweig zur Erkennung in die Flasche stecken, der immer ganz bedeckt sein sollte. Besonders schön sind helle Essigsorten in weißen Flaschen. Zu den Kräutern können zur Abrundung auch Pfefferkörner, Schalotten, Gewürznelken, Ingwer, Muskatnuss, Peperoni und Zitronen- oder Orangenschalen gegeben werden.

Empfehlungen mit Weißweinessig:
- Estragon-Essig zu Fisch und Salaten,
- Basilikum-Essig zu italienischen Gerichten,
- Dill-Essig zu Salaten und Meeresfrüchten,
- Bohnenkraut-Essig, Thymian-Essig oder
- Mischkräuteressig aus Minze, Estragon, Majoran, Thymian, Basilikum, Bärlauch und weiteren Kräutern.

Rotweinessig harmoniert mit kräftigeren Kräutern wie Rosmarin, Lorbeer und Knoblauch.

Kräuteröl ist je nach Geschmacksrichtung geeignet für Salate, Soßen und Marinaden und zum Grillen von Fisch und Fleisch. Für 500 ml Öl ver-

wendet man etwa 60 g Kräuter. Die Kräuter wie beim Essig zerdrücken oder quetschen, in eine Flasche geben und mit dem Öl übergießen. Die Kräuter müssen vollkommen bedeckt sein. Zwei bis drei Wochen am Fensterbrett ziehen lassen, danach durchsieben und in vorgesehene Flaschen füllen. Entweder beschriften oder jede Flasche mit einem Kräuterzweig versehen, der immer vollständig bedeckt sein soll. Geeignete Kräuter sind Rosmarin, Thymian, Salbei, Basilikum, Estragon, Koriandergrün, Lorbeer, Schnittlauch, Minze, Dill und verschiedene Mischungen.

Kräuteröl lässt sich ähnlich leicht herstellen wie Essig. Auch hier gilt bei Mischungen, der Phantasie freien Lauf zu lassen. Gerne kann etwas Knoblauch, Peperoni und Pfeffer dazugegeben werden. Für Kräuteröle eignen sich besonders geschmacksneutrale Öle wie Distel- oder Sonnenblumenöl, dies gilt vor allem für Kräuter mit einem zarten Aroma. Kaltgepresstes Olivenöl ist natürlich besonders geeignet für kräftige Aromen mit Rosmarin, Salbei, Lorbeer, Knoblauch, Peperoni und ähnliche.

Kapern von Blütenknospen

Kleine, feste Blütenknospen von:
- Gänseblümchen, Scharbockskraut, Sumpfdotterblume, wilder Malve, Kapuzinerkresse, Löwenzahn
- 1/3 Wasser
- 2/3 Estragon-Essig
- etwas Salz
- 1 Prise Zucker

Die Blütenknospen kurz abwaschen und von den Stielen befreien. Die Knospen randvoll in ein Schraubglas (oder mehrere) entsprechender Größe füllen. Das Glas wieder entleeren; es dient nun als Mengenmaß für die Flüssigkeit. Essig und Wasser im oben an-

gegebenen Verhältnis in das Glas füllen und in einen Topf geben. Mit Salz und einer Prise Zucker zum Kochen bringen. Die Blütenknospen kurz dazugeben und alles heiß in das Schraubglas füllen, sofort verschließen. Die Kapern müssen mit Flüssigkeit bedeckt sein. Man kann auch noch Pfefferkörner oder einen Estragonzweig dazugeben.
→ Diese Wildblumenkapern können wie gekaufte Kapern verwendet werden. Kühl aufbewahren.

Würze aus Liebstöckel
- 5 Esslöffel frischer gehackter Liebstöckel
- 1 Esslöffel grobes Meersalz

Die Zutaten sehr gut miteinander vermischen und in ein Schraubglas füllen.
→ Portionsweise verwenden zu Suppen und Soßen. Hält sich im Kühlschrank mehrere Monate.

Marias Kräuter-Suppengewürz
- 1 Zwiebel
- 1/2 kleine Sellerieknolle
- Sellerieblätter von 2 Stängeln
- 4–6 Karotten
- 5 Stängel Petersilie
- 5 Stängel Kerbel
- 5 Stängel Schnittknoblauch
- 2 Stängel Liebstöckel
- 1 wilde Pastinake (Wurzel und Kraut)
- 2 Esslöffel Meersalz, gemahlen

Die Zwiebel grob würfeln. Karotten, Sellerieknolle und Pastinakwurzel putzen und grob würfeln. Die Kräuter fein hacken und mit dem Gemüse vermischen, Meersalz zugeben und erneut kurz mixen. Eine Nacht im Kühlschrank durchziehen lassen. Nochmals gut durchrühren und in kleine Schraubgläser füllen.
→ Eine grüne Suppenwürzgrundlage für den ganzen Winter, die bis zu einem Jahr haltbar ist. Geöffnete Gläser sollten im Kühlschrank aufbewahrt werden.

Kräutermischungen
Das Wissen, welche **Kombinationen** miteinander harmonieren und vor allem auch, welche nicht, gehört zur Kochkunst und ist erlernbar. Gewisse Kräuter „stören" sich geradezu gegenseitig, etwa Rosmarin, Lavendel und Salbei.

Bekannte, harmonische Kombinationen sind die **Fines herbes**, das ist die französische Bezeichnung für „feine Kräuter" aus Kerbel, Estragon, Petersilie und Schnittlauch, die in helle Soßen zu Fisch und Geflügel passen.
Die **Herbes de Provence** sind eine Kräutermischung aus getrocknetem Basilikum, Bohnenkraut, Majoran, Oregano, Thymian, Estragon oder Fenchelkraut, Rosmarin oder Lavendel, die alle in der Provence wachsen. Sie eignen sich für herzhafte Fisch- und Fleischgerichte und Ratatouille.
Das **Bouquet garni** ist ein gebundener Kräuterstrauß oder -säckchen in unterschiedlicher Kombination, meist aus Bohnenkraut, Majoran, Thymian, Lorbeerblatt, Petersilie oder Estragon, Kerbel und Dill. Die Kräuterbündel werden nur zum Mitkochen in die Suppe oder Soße gegeben und danach herausgenommen.

Verwendung: Man erntet junge Blätter und Triebspitzen, später die reifen Samen. Die jungen Blätter eignen sich als Mischkraut zu Salaten und Wildgemüse oder als gehacktes Grün auf Wurstbrot. Triebe werden wie Brokkoli zubereitet. Wegen des herben Aromas sollte man Blätter und Triebe stets sparsam verwenden und gut kochen. Die wilden Senfsamen sind nicht sehr ergiebig. Sie eignen sich zum Einlegen wie Senfkörner, aber kaum zur Senfherstellung wie der Weiße Senf (*Sinapis alba*), Schwarze Senf (*Brassica nigra*) oder Indische Senf (*Brassica juncea*).

Gesundheit: Die im Ackersenf enthaltenen Senfölglykoside wirken magenanregend und verdauungsfördernd.

Ackersenf
Sinapis arvensis – Kreuzblütler (Senfkraut)

Merkmale: Ackersenf ist ein heute fast vergessenes Kraut. Er ist einjährig und wächst mit bis zu 60 cm Höhe auf Wiesen und Äckern. Der Blütenstand ist traubenförmig und leuchtend gelb. Die Blätter sind gezahnt, die unteren sehr lappig und wie der Stängel borstig behaart. Die Pflanzen blühen von Mai bis August.

Der Ackersenf kann leicht mit Hederich (*Raphanus raphanistrum*) verwechselt werden, der ein noch herberes Aroma besitzt.

> *Schon gewusst?*
> *Das allseits beliebte Salat- und Würzkraut Rauke oder Rucola (Eruca sativa) wurde ursprünglich als Senf- oder Ölrauke angebaut.*

Bärlauch
Allium ursinum – Liliengewächs (Bärenlauch)

Merkmale: Der Bärlauch ist ein bereits im März erscheinendes, weitflächig verbreitetes Waldkraut. Er blüht im Mai mit weißen Dolden, wird 15 bis 40 cm hoch und verbreitet starken Knoblauchgeruch. Bärlauch breitet sich teppichartig über große, schattige Waldflächen aus und ist sehr dauerhaft. In manchen Gegenden ist diese Art geschützt.

Achtung! Bärlauchblätter können mit den giftigen Maiglöckchenblättern verwechselt werden! Diese riechen jedoch beim Zerreiben nicht nach Knoblauch.

Verwendung: Die Blätter werden am besten vor der Blüte von März bis Mai geerntet. Danach verlieren sie stark ihr

Aroma. Blätter und Stiele direkt nach der Ernte im Kühlschrank aufbewahren und innerhalb von 4 Tagen verarbeiten. Sie sind vielseitig verwendbar für Suppen, Soßen, Pesto und Quark, auch als Knoblauchersatz. In schmale Streifen geschnitten können sie auch getrocknet werden. Die Blüten sind eine schöne Garnitur.

Gesundheit: Bärlauch wirkt verdauungsanregend, antibiotisch, entzündungshemmend, blutdrucksenkend und gegen Arterienverkalkung.

Basilikum

Ocimum basilicum – Lippenblütler (Basilienkraut, Königskraut)

Merkmale: Basilikum ist ein hoch aromatisches einjähriges Gewürzkraut, das man auf Balkon und Fensterbank ziehen kann. Ursprünglich aus dem Mittelmeerraum stammend, gehört es inzwischen bei uns zu den meistverwendeten Küchenkräutern. Es wird 20 bis 50 cm hoch, trägt feine, ovale Blätter und weiße bis hellrosa Blüten, die von Juni bis August erscheinen. Basilikum braucht viel sonnige Wärme. Im Garten ist es beliebt bei Schnecken.

Verwendung: Ernte bei Topfpflanzen ganzjährig vor und während der Blütezeit. Wenn die Blüten gekappt werden, treibt die Pflanze mehrmals nach. Die Blätter sollten gezupft oder mit der Schere geschnitten werden. Man verwendet die Blätter mit dünnen Stielen, junge Triebspitzen und Blüten. Sie werden am besten frisch verwendet, zum langen Mitkochen ist Basilikum nicht geeignet. Aber auch Einfrieren, Trocknen und Einlegen ist möglich; allerdings geht dabei viel Aroma verloren. Getrocknet wird es gerebelt oder zu Würzpulver verarbeitet. Basilikum eignet sich für Pesto, Salate, Mischkräuter, Zabaione, Essig und Öl. Die Blüten

> *Schon gewusst?*
> Es gibt verschiedene Basilikum-Sorten: kleinblättriges Basilikum, rotblättriges Basilikum („Dark Opal", „Purple Ruffles") und sogar unterschiedliche Aromen wie Zitronen-, Anis- und Zimt-Basilikum.

können zum Garnieren von Fischsuppen und Salaten verwendet werden.
Gesundheit: Wirkt blutreinigend, verdauungsfördernd, antiseptisch, beruhigend und belebend zugleich. Basilikum sollte während der Schwangerschaft und Stillzeit nur in Maßen genossen werden.

Beifuß

Artemisia vulgaris – Korbblütler
(Wilder Wermut, Gänse-Besenkraut)

Merkmale: Beifuß ist eine wild wachsende, leicht bitter-aromatische, 50 bis 140 cm hohe Gewürzstaude. Gefiederte Blätter und weiß-gelb-grünliche Blütenköpfchen in Rispen sitzen an einem holzigen Stängel. Die Pflanze wächst ohne besondere Bodenansprüche an Weg- und Waldrändern, Flussufern und Schutthängen. Die Blütezeit ist Juli bis September.
Verwendung: Man erntet Blütenknospen und Triebspitzen vor der Blüte. Aufgeblühtes Kraut ist zu bitter für den Gebrauch. Frische Blättchen eignen sich nicht für den Verzehr, sie können aber getrocknet und gerebelt verwendet werden. Beifuß sollte man nicht mit anderen Kräutern mischen. Man würzt damit Enten-, Gänse-, Hammel- und Schweinebraten, Bauernfrühstück, Kohl und Hülsenfrüchte.

Gesundheit: Beifuß wirkt appetitanregend und verdauungsfördernd. Beifußpollen können Allergien auslösen.

Bockshornklee

Trigonella foenum-graecum –
Schmetterlingsblütler

Merkmale: Bockshornklee wird bis 50 cm hoch. Am Stängel wachsen dreigeteilte, längliche Blätter, in den Blattachseln hellgelbe oder leicht violette Blüten. Die Samen reifen in Fruchthülsen heran. Die mediterrane Pflanze braucht viel Sonne und ist nicht winterhart. Sie blüht von Juni bis August.
Verwendung: Man erntet die Keimsprossen, das junge Kraut vor der Blüte und die reifen Samen. Die Keimlinge eignen sich für Salate. Das getrocknete Kraut wird „Griechisches Heu" genannt und frisch oder getrocknet ohne Stiele für Tsatsiki und

andere Quark-, Käse-, Joghurt- und Fleischspeisen verwendet. Die angerösteten Bockshornkleesamen verleihen besonders vegetarischen Gerichten volles Aroma.
Gesundheit: Wirkt appetitanregend, blutzuckersenkend, nervenstärkend und fördert Leber- und Verdauungsfunktion.

Schon gewusst?
Der Bockshornklee ist eine nur wenig bekannte Kultur- und Gewürzpflanze, obwohl er in der Nahrungsmittelindustrie große Bedeutung hat: Die hoch aromatischen Samen sind ein wichtiger Bestandteil unseres Currygewürzes.

Bohnenkraut
Satureja hortensis – Lippenblütler (Pfefferkraut, Fleischkraut)

Merkmale: Bohnenkraut ist ein robustes, strauchartig wachsendes, 20 bis 25 cm hohes Topf- und Gartenkraut. Es blüht weiß bis violett und hat schmale Blätter mit pfefferähnlichem Aroma. Bohnenkraut wird einjährig angebaut oder sät sich selbst aus. Die Blütezeit ist von Juli bis Oktober.
Verwendung: Ernte im Sommer vor und während der Blüte. Man verwendet die Blätter frisch oder getrocknet,

Schon gewusst?
Das winterharte Bergbohnenkraut (Satureja montana) ist mehrjährig und noch kräftiger im Geschmack. Getrocknetes Kraut ist stärker im Aroma als frisches und sollte stets mitgekocht werden.

gerebelt oder pulverisiert. Ganze Zweige werden mitgekocht und eingelegt. Auch zum Einfrieren ist das Kraut geeignet. Für Salate, Hülsenfrüchte, Kartoffel- und natürlich Bohnengerichte sehr zu empfehlen. Die Blüten wirken reizvoll als essbare Garnitur.
Gesundheit: Wirkt verdauungsfördernd und gegen Blähungen.

Borretsch
Borago officinalis – Borretschgewächs (Gurkenkraut, Liebäuglein)

Merkmale: Borretsch ist ein kräftiges, 30 bis 80 cm hohes Gartenkraut mit behaarten Stängeln und Blättern. Die Blüten sind blau bis rosa und sternförmig. Borretsch schmeckt gurkenähnlich, wird einjährig angebaut oder sät sich selbst aus. Er blüht im Juni und Juli.
Verwendung: Die jungen Blätter werden vor und während der Blüte geerntet. Das frische Kraut eignet sich als Spinat und passt zu Salaten, Quark, Suppen, Fisch und Pasteten. Borretsch empfiehlt sich vor allem als Kraut zu Gurkensalat. Die Blüten ergeben eine schöne Dekoration auch für Süßspeisen und Salate.
Gesundheit: Wirkt blutdrucksenkend, stoffwechselanregend und nervenstärkend. Borretsch sollte nicht im Übermaß genossen werden.

Brennnessel
Urtica dioica – Brennnesselgewächs

Merkmale: Die Brennnessel ist ein weit verbreitetes, 50 bis 150 cm hoch wachsendes Wald- und Wiesenkraut mit behaarten, vierkantigen Stängeln und grob gesägten, drüsigen Blättern, die bei Berührung „brennen". Sie blüht von Mai bis Oktober mit unscheinbaren weiß-grünlichen Rispen in den Blattachseln. Die Brennnessel besitzt kein spezifisches Eigenaroma.
Verwendung: Man erntet junge Blätter und Triebspitzen ab März vor der Blüte – am besten mit Handschuhen. Frische Blätter und junge Triebe sind geeignet für Wildspinat, Salate und Suppen. Mit den Samen kann man Salate bestreuen, sie schmecken nussartig. Die Blätter selbstverständlich niemals roh probieren!
Gesundheit: Die Brennnessel hat vielseitige Heilwirkung. Getrocknete Blätter dienen der Teezubereitung. Dieser wirkt wie auch der Presssaft und die Tinktur blutreinigend, entschlackend, harntreibend, vorbeugend bei Prostatabeschwerden und gegen Haarausfall.

Brunnenkresse
Nasturtium officinale – Kreuzblütler (Wasserkresse, Bachkresse)

Merkmale: Die Brunnenkresse ist ein immergrünes, dicht wachsendes Salatkraut mit herb-scharfem Aroma. An den kantigen Stängeln, die bis 80 cm lang werden, wachsen unpaarig gefiederte, kräftig grüne Blätter. Die weißen Blüten erscheinen von Mai bis September und reifen zu Schoten

heran. Man findet die Pflanzen an fließenden Gebirgsgewässern und Bachufern, sie sind aber auch auf dem Markt zu kaufen. Brunnenkresse hat den schärfsten Geschmack aller Kressen.

Verwendung: Die erste Ernte der Blätter und Triebspitzen kann von Februar bis April erfolgen. Später nochmalige Ernte ab September bis November. Man verwendet Brunnenkresse für Salate, Kräuterbutter, Grüne Soßen und Quark. Sie sollte frisch verwendet oder nur kurz mitgekocht werden und ist nicht konservierbar. Die Samen kann man über Salate streuen.

Gesundheit: Brunnenkresse ist wie andere Kressen besonders vitaminhaltig und dient bei Frühjahrskuren zur Entschlackung. Das Kraut kann in größeren Mengen den Magen reizen.

einige Doppelgänger, die nicht essbar sind.

Verwendung: Man erntet das grüne Kraut vor und während der Blüte. Es treibt rasch nach, wenn die Blüten abgeknipst werden. Reife Dolden werden im Sommer geerntet. Alle Pflanzenteile bis auf die Wurzel werden am besten frisch verwendet, aber auch Einlegen und Trocknen ist möglich. Die Blätter sind gut einzufrieren, verlieren beim Trocknen jedoch stark an Aroma. Dill ist sehr vielseitig für die Küche und passt zu Fisch, Soßen, Kräuterbutter oder Quark. Die gesamte Pflanze ist gut geeignet zum Marinieren, besonders von Gurken. Die ausgereiften Samen sind wie Kümmel verwendbar.

Gesundheit: krampflösend, beruhigend, gegen Blähungen.

> *Schon gewusst?*
> Brunnenkresse sollte nur aus sauberen, fließenden Gewässern geerntet werden. Sie kann in einem Garten mit sauberem Fließwasser sogar angebaut werden.

Dill

Anethum graveolens – Doldengewächs (Gurkenkümmel, Gurkenwürzkraut)

Merkmale: Dill ist ein bis 120 cm hohes Gartenkraut mit feinfiedrigen Blättern. Er blüht in gelben Dolden, die Samen sind kümmelähnlich. Dill schmeckt fein süßlich-aromatisch, ist einjährig und sät sich meist selbst aus. Er blüht zwischen Juli und September. Achtung! In der freien Natur gibt es

Dost, Oregano
Origanum vulgare – Lippenblütler
(Wilder Majoran, Schusterkraut)

Merkmale: Der in südlichen Ländern Oregano, bei uns auch Dost genannte Wilde Majoran ist eine dauerhafte, kräftige, 30 bis 60 cm hohe Staude für den Garten. Die Pflanze hat kleine ovale, aromareiche Blätter, rosarote bis lila Blüten und blüht von Mai bis September.

Verwendung: Ernte der Blättchen vor und während der Blüte. Frische oder getrocknete Blätter, auch in der Kräutermischung „Herbes de Provence" (siehe Seite 77), sind geeignet für Pizza, Spaghettisoßen, Ratatouille, Fleisch- und Eintopfgerichte. Dost ist besonders geeignet zum Trocknen und gut einzufrieren. Die Blüten dienen als Garnitur.

Gesundheit: Der Teeaufguss wirkt gegen Appetitmangel und Magen-Darm-Störungen.

> ### Schon gewusst?
> Das Aroma von Oregano eignet sich für Kräuterkissen. Pflanzen aus warmem Klima haben ein merklich feineres Aroma als unser Dost, der vor allem als Mischkraut dient.

Duftpelargonie
Pelargonium graveolens – Storchschnabelgewächs (Duftgeranie)

Merkmale: Die Duftpelargonie ist eigentlich eine Zierpflanze, die aber auch aromatische Geschmacksstoffe liefert. Sie ist in Töpfen im Sommer auch draußen leicht kultivierbar. Die samtigen Blätter duften intensiv und ähneln denen der Tomatenpflanze. Die rosa-lila Blüten erscheinen im Frühjahr.

Verwendung: Die duftenden Blätter eignen sich zum Aromatisieren von asiatischen Gerichten, Süßspeisen und

Likör. Die Blüten sind eine hübsche und essbare Garnierung.
Gesundheit: Das ätherische Öl der Duftpelargonie wirkt ausgleichend und stimmungsaufhellend und hilft bei Hautirritationen.

> *Schon gewusst?*
> *Duftpelargonien gibt es heute in sehr viel Aromavarianten, z.B. Apfel, Minze, Muskat, Ingwer und Orange.*

Estragon
Artemisia dracunculus – Korbblütler
(Eier-, Kaiserkraut, Bertram)

Merkmale: Estragon ist eine 20 bis 120 cm hohe Gartenstaude mit anisartigem Aroma. Er hat schmal-lanzettliche Blätter, blüht unscheinbar gelblich weiß und benötigt viel Sonne. Die Pflanze ist dauerhaft, muss in harten Wintern jedoch abgedeckt werden. Die Blütezeit ist August bis Oktober.
Verwendung: Die Blättchen werden im Sommer geerntet. Sie eignen sich für feine Soßen zu hellem Fleisch oder Fisch, insbesondere für die berühmte „Sauce béarnaise" (siehe Seite 65). Estragon ist Bestandteil der „Fines Herbes", eine Mischung der französischen Gourmetküche (siehe Seite 77). Er eignet sich jedoch nicht für jede Kräutermischung. Geeignet zum Einfrieren und Einlegen in Essig und zur Senfherstellung. Estragon verändert und verliert stärker sein Aroma durch Trocknen als viele andere Kräuter.
Gesundheit: Estragon gilt als harntreibend, verdauungsfördernd und die Gallentätigkeit anregend.

> *Schon gewusst?*
> *Man unterscheidet Russischen bzw. sibirischen Estragon, der weniger aromareich und robuster ist und ausgesät wird, vom Französischen bzw. Deutschen Estragon, der stärker im Aroma, aber empfindlicher und nur durch Ableger vermehrbar ist.*

Fenchelkraut
Foeniculum vulgare – Doldengewächs

Merkmale: Fenchelkraut ist im Unterschied zu Gemüsefenchel eine bis zu 2 m hohe Gewürzstaude für Garten oder Balkon. Die gelben Doldenblüten, die gefiederten Blätter und die Samen haben große Ähnlichkeit mit Dill, sind aber sofort am fenchel- bis anisartigen Aroma zu unterscheiden. An warmen, sonnigen Stellen gedeiht Fenchelkraut mehrjährig.
Verwendung: Man erntet die Blätter vor und während der Blüte, die ganzen Stängel nach Reife der Samen. Das Kraut schmeckt zu Fisch- und Lauchsuppen, Salaten, Quark und eignet sich für Kräutermischungen. Die Samen, dem Kümmel ähnlich, finden Verwendung in asiatischen Rezepten, Brot und Backwaren.
Gesundheit: Fenchel gilt als appetitanregend, verdauungsfördernd und windtreibend. Er soll aphrodisische Wirkung haben.

Gänseblümchen
Bellis perennis – Korbblütler
(Tausendschönchen)

Merkmale: Das Gänseblümchen ist eine dauerhafte, weit verbreitete, bis 15 cm hohe Wiesenblume mit gelben inneren Röhrenblüten und weißen bis rötlichen äußeren Zungenblüten. Die Blüte erscheint das ganze Jahr über aus einer Blattrosette am Boden.
Verwendung: Man erntet junge Knospen und Blättchen. Die geschlossenen Knospen eignen sich wie etliche andere Pflanzenknospen zum Einlegen

als „Kapern". Die Blätter werden vermischt mit anderen Wildkräutern als Salat, Spinat oder zu Gemüsesuppen verwendet. Die Blüten sind essbare Dekoration für Salate.
Gesundheit: Das Gänseblümchen ist ein Allheilkraut. Es wirkt stoffwechselanregend und vedauungsfördernd

Verwendung: Nur frisch zu Salaten, Kräuterbutter, kurz gekocht zu Kressesuppe und als essbare Dekoration. Außer dem Einlegen in Essig ist keine Konservierung möglich. Die Samen dienen zum Bestreuen von Salaten.
Gesundheit: Alle Kressearten sind große Vitaminspender. Sie wirken appetitanregend und blutreinigend.

Gartenkresse
Lepidium sativum – Kreuzblütler

Merkmale: Die Gartenkresse ist eine kleinblättrige, weiß blühende, bis 40 cm hohe Salatpflanze mit mild-scharfem Aroma. Sie wächst ohne besondere Ansprüche im Garten, ist ganzjährig in Töpfen und Kästen zu kultivieren oder im Handel erhältlich. Die reifen Samen säen sich von selbst aus. Man schneidet die Jungpflanzen mit Messer oder Schere vor der Verzweigung bei 5 bis 10 cm Höhe. Größere, verzweigte Pflanzen sind schärfer im Aroma.

Giersch
Aedopodium podagraria –
Doldengewächs (Geißfuß)

Merkmale: Giersch ist ein bis 100 cm hohes, weit verbreitetes Wald- und Wiesenkraut. Der kahle, hohle, kantig gefurchte Stängel ist nach oben verästelt und trägt einfach oder doppelt dreizählige, gezackte Blätter. Die Blütendolde hat 12 bis 25 Strahlen mit kleinen weißen, selten rosa Blüten. Sie erscheint von Juni bis Juli.
Achtung! Alle weißdoldigen Wildkräuter muss man sehr genau bestimmen. Es gibt unzählige Doppelgänger.
Verwendung: Man erntet junge Blätter vor der Blüte. Das jung-süßliche, später würzig-herbe Aroma erinnert etwas an Petersilie. Die Blätter eignen sich vor allem als Mischkraut für Salate, Suppen, Wildspinat und Gemüse oder sie werden wie Petersilie verwendet. Konservieren ist nicht möglich.

Gesundheit: Gilt als Heilkraut zur Blutreinigung und gegen Rheuma und Gicht.

Gundelrebe
Glechoma hederacea – Lippenblütler (Gundermann, Katzenminze)

Merkmale: Die Gundelrebe ist eine verbreitete, 10 bis 50 cm hohe Staude mit kriechendem Stängel. Sie wächst an Feld-, Wald- und Wiesenrändern und hat dunkle Triebspitzen und herzförmige, gekerbte Blätter. Die Pflanze blüht blaulila von Februar bis Juli. Ihr Aroma entfaltet sich beim Zerreiben.
Verwendung: Man erntet die Blätter und Triebspitzen vor der Blüte. Das

> *Schon gewusst?*
> Die Gundelrebe ist für viele Tiere giftig, nicht jedoch für den Menschen.

frische Kraut wird mit anderen Blattkräutern zu Suppen, Soßen, Spinat, Salat und Quark verwendet. Die Blätter sind zum Trocknen geeignet. Die Blüten ergeben eine schöne Garnitur.
Gesundheit: Tee aus getrocknetem Kraut lindert Husten und Magen-Darmstörungen.

Hirtentäschel
Capsella bursa-pastoris – Kreuzblütler
(Blut-, Herz-, Hungerkraut)

Merkmale: Hirtentäschel ist ein sehr weit verbreitetes, 15 bis 50 cm hohes Wildkraut mit einer Blattrosette am Boden und pfeilförmigen Blättern am Stängel. Dieser trägt traubenförmig angeordnet kleine weiße Blüten und gleichzeitig herzchenförmige Schötchen, die „Hirtentäschel". Die Blütezeit ist ab März bis Frostbeginn.
Verwendung: Man erntet die jungen Blätter im Frühjahr, am besten vor der Blüte. Sie eignen sich für Salate, Spinat und Suppen aus Mischkräutern. Mit den herzförmigen Früchten kann man Salate bestreuen. Kaum lohnend zu konservieren.
Gesundheit: Teeaufguss aus Hirtentäschel gilt als wirksam gegen innere und äußere Blutungen.

Hopfen
Humulus lupulus – Hanfgewächs

Merkmale: Der Hopfen ist eine wild wachsende, rankende Staude, die in Ufernähe oft an Büschen und Bäumen 3 bis 7 Meter hoch klettert. Hopfen wird heute sehr viel für Bierbrauereien angebaut. Er trägt männliche kleine und weibliche größere Blüten auf jeweils getrennten Pflanzen. Die weiblichen Blüten entwickeln sich zu zapfenähnlichen Früchten. Die Blätter sind dem Weinlaub sehr ähnlich, die Stängel sind behaart. Die Blütezeit ist Juni bis August.

Verwendung: Man verwendet nur die sehr jungen Sprossen, die vor der Blüte geerntet werden. Später werden sie bitter. Diese Jungtriebe eignen sich ähnlich wie Spargel als Gemüse oder Salat. Einfrieren ist möglich nach vorherigem Blanchieren.

Gesundheit: Als Teeaufguss wirken Hopfenzapfen beruhigend und harntreibend. Über längere Zeit regelmäßig genossen kann Hopfen Östrogenwirkung haben.

> *Schon gewusst?*
> *Immer häufiger erhält man Hopfensprossen auch auf dem Wochenmarkt.*

Kapuzinerkresse
Tropaeolum majus – Kapuzinerkressegewächs

Merkmale: Die Kapuzinerkresse ist eine gelb, orange oder rot blühende Zier- und Nutzpflanze mit schildartigen Blättern. Sie rankt im Garten ohne hohe Bodenansprüche, verträgt Frost in Maßen und ist einjährig. Blätter und Blüten schmecken leicht pfeffrig, kressetypisch.
Verwendung: Ernte der Knospen im Frühsommer, der Blätter und Blüten im Sommer. Die Knospen eignen sich gut zum Einlegen als „Kapern". Die Blätter verwendet man für Mischsalate, kalte Soßen, Kräuterquark und Kräuterbutter ebenso wie die Blüten, die sich vor allem als essbare Garnierung anbieten. Nicht zum Trocknen geeignet.
Gesundheit: Wirkt appetitanregend und verdauungsfördernd.

Kerbel
Anthriscus cerefolium – Doldengewächs (Gartenkerbel)

Merkmale: Kerbel ist ein bis zu 70 cm hohes Garten-Gewürzkraut mit petersilienartig gefiederten Blättern. Er blüht weiß-doldig von Mai bis August und schmeckt leicht nach Anis. Man unterscheidet die glatte und die krause Form, ähnlich der Petersilie. Beide Formen sind einjährig und säen sich selbst aus. Achtung: Der ähnliche, aber wesentlich größere Wiesenkerbel ist nicht für die Küche geeignet!

Verwendung: Man erntet das Kraut vor der Blüte. Es eignet sich zu hellen Soßen, Salaten, Kohlrabigemüse, Kräuterbutter und Quark. Wegen des feinen Aromas sollte es nicht zu lange gekocht werden. Kerbel ist ein wichtiger Bestandteil der „Fines herbes" (siehe Seite 77). Durch Trocknen verliert er stark an Aroma.
Gesundheit: Kerbel gilt als appetitanregend, galle- und harntreibend und wirksam gegen Husten.

Knoblauch

Allium sativum – Liliengewächs
(Knofl, Knoflak, Gruserich)

Schon gewusst?
Knoblauchgeruch kann durch Kauen von Petersilie, Kerbel, Kaffeebohnen oder eines Apfels gelindert werden.

Merkmale: Der Knoblauch ist eine 70 bis 100 cm hohe Kultur- und Wildpflanze mit rosa-lila-weißem, kugeligem Blütenstand, der im Mai erscheint. Der junge Trieb ähnelt einem dünnen Schwanenhals mit weißem Kopf und Schnabel. Die Zwiebel besteht aus mindestens zwei Zehen. Knoblauch lässt sich gut im Garten anbauen.
Verwendung: Man erntet die Zwiebeln ab Juni bis September, wenn die Erde feucht ist. Knoblauchfreunde würzen

damit alles, was möglich ist: Kräuterbutter, Soßen, Braten und Brotaufstriche. Geeignet auch zum Einlegen in Essig und Öl und im Handel in Form von Granulat und Knoblauchsalz erhältlich. Grüne Nachtriebe in der Zehe soll man nicht verzehren.
Gesundheit: Knoblauch gilt als vielseitiges Heilmittel. Er dient der Blutreinigung, der Stärkung der Abwehrkräfte und gilt als vorbeugend gegen Alterserscheinungen.

Knoblauchsrauke
Alliaria petiolata – Kreuzblütler (Lauchhederich)

Merkmale: Die Knoblauchsrauke ist eine weit verbreitete, 30 bis 80 cm hohe Gewürzpflanze, die an Wald- und Wiesenrändern wächst. Sie ist als Küchenkraut nicht sehr bekannt. Die kleinen weißen Blüten sind von Mai bis Juli zu sehen. Die oberen Blätter sind herzförmig, die unteren nierenförmig mit gekerbtem Rand. Sie riechen beim Zerreiben nach Knoblauch, ähnlich dem Bärlauch.
Verwendung: Junge Blätter und Triebspitzen sind am besten geeignet – ältere verlieren stark an Aroma. Für Suppen, Soßen, Kräuterquark und Kräuterkäse, ähnlich dem Bärlauch, aber milder. Die Pflanze ist nicht zur Konservierung geeignet und sollte rasch nach der Ernte verwendet werden.
Gesundheit: Die ätherischen Öle der Knoblauchsrauke wirken gegen Arterienverkalkung.

Koriander
Coriandrum sativum – Doldengewächs (Wanzenkraut)

Merkmale: Die bis zu 70 cm hoch wachsende Topf- oder Gartenpflanze hat gefiederte Blätter, ähnlich der glatten Petersilie. Sie blüht weiß bis

rötlich von Juni bis August und ist einjährig. Das Ausreifen der Korianderfrüchte braucht viel Sonne. Blätter und Fruchtkörner sind von unterschiedlich eigenem Aroma. Koriandergrün gewinnt bei uns immer stärker an Bekanntheit und Beliebtheit. Das "Wanzen"-Aroma des Krautes wird von manchen Menschen begehrt, von anderen abgelehnt.

Verwendung: Die Ernte des Koriandergrüns sollte vor der Blüte erfolgen. Die grünen Blätter sind frisch für grüne Soßen, Fisch und Fleisch und exotische Currys und Chutneys zu verwenden. Die Samenkörner reifen im Hochsommer. Man kann sie mörsern oder in der Mühle mahlen wie Pfefferkörner. Sie geben orientalischen und asiatischen Gerichten ihr typisches Aroma. Die Wurzeln sind noch kräftiger im Geschmack.

Gesundheit: Wirkt appetitanregend, verdauungsfördernd, windtreibend und gegen Nervosität.

Lavendel
Lavandula angustifolia – Lippenblütler

Merkmale: Lavendel ist eine blaulila blühende, bis zu 150 cm hohe, strauchartige Zier- und Aromapflanze. In Südfrankreich wächst sie wild und wird auf großen Feldern angebaut. Seltener findet man sie weiß oder rosa blühend. Ihre Blätter sind immergrün und immer duftend. Lavendel ist mehrjährig und winterhart.

Verwendung: Die Blüten erntet man im Sommer, die lanzettlichen Blätter ganzjährig. Die frischen oder getrockneten Blätter werden meist zusammen mit anderen Kräutern als „Herbes de Provence" (siehe Seite 77) zu Lamm-

> *Schon gewusst?*
> *Trockenblüten und Blätter des Lavendels sind die wichtigsten Aromaträger für Duftkissen. Ein Lavendelsäckchen im Kleiderschrank soll Motten vertreiben.*

und Fischgerichten verwendet. Blüten und Triebspitzen sollte man wegen ihres leicht bitteren Geschmacks nur sparsam verwenden. Sie passen auch zu Süßspeisen. Ganze Zweige eignen sich zum Aromatisieren von Olivenöl.
Gesundheit: Lavendeltee beruhigt, entspannt, fördert die Gallentätigkeit und senkt den Blutdruck.

Liebstöckel
Levisticum officinale – Doldengewächs (Maggikraut)

Merkmale: Liebstöckel ist eine bis zu 200 cm hohe Gewürzstaude mit sellerieähnlichen Blättern und blassgelben Blütendolden. Das Kraut riecht und schmeckt nach Maggiwürze. Die Pflanze ist leicht anzubauen, winterhart und dauerhaft. Wegen ihrer Größe genügt meist ein Exemplar.
Verwendung: Man erntet junge Blätter vor der Blüte – ältere schmecken leicht bitter – und die reifen Samen im Sommer. Das frische Kraut dient ähnlich dem Selleriekraut als Suppen- und Gemüsewürze. Getrocknete Blätter werden gerebelt oder gemahlen zu schmackhaftem Würzpulver oder Kräutersalz verarbeitet. Die Blätter sind auch zum kurzzeitigen Einfrieren geeignet. Die Samen werden beim Brotbacken, für salzige Kuchen und Essigmarinaden verwendet. Die Wurzeln können ähnlich wie Petersilienwurzeln und Pastinaken verwendet werden.
Gesundheit: Liebstöckel wirkt verdauungsanregend. Manche Menschen reagieren auf einen Genuss über längere Zeit mit Lichtempfindlichkeit.

Lorbeer
Laurus nobilis – Lorbeergewächs

Merkmale: Lorbeer ist eine immergrüne, strauch- oder baumartig wachsende Gewürz- und Zierpflanze mit ledrigen, aromatischen Blättern. Den gelblich-weißen Blüten folgen schwarze Beeren, die Lorbeeren. Bei uns ist die Pflanze nicht winterhart. Lorbeer ist aber eine gute und dauerhafte Kübelpflanze.
Verwendung: Man erntet die Blätter im Herbst und legt sie zum Trocknen aus. Sie werden im Ganzen in Soßen, Suppen, Kohl und Eintopfgerichten

mitgekocht. Gemahlen sind sie für Würzmischungen geeignet. Ganze Blätter kann man zum Einlegen in Essig und Marinaden, insbesondere für Soleier, verwenden. Lorbeerkraut ist Bestandteil des „Bouquet garni", einer klassischen Kräutermischung zum Mitkochen (siehe Seite 77). Getrocknete Lorbeerblätter sollte man lichtgeschützt aufbewahren und nicht länger als 2 Jahre verwenden.
Gesundheit: Lorbeer wirkt appetitanregend und verdauungsfördernd. Aus den ätherischen Ölen werden Rheumamittel hergestellt.

Löwenzahn

Taraxacum officinale – Korbblütler
(Puste-, Kuhblume, Sonnenwirbel)

Merkmale: Löwenzahn ist ein leuchtend gelb blühendes, auf Wiesen weit verbreitetes Heil- und Küchenkraut. Die stark gezahnten Blätter bilden eine Bodenrosette, der Blütenstängel ist hohl und enthält Milchsaft. Die dichte Korbblüte reift zur Pusteblume heran, die die Samen trägt. Die Blütezeit ist Mai bis September.
Verwendung: Junge Blättchen werden vor oder während der Blüte geerntet. Man verarbeitet sie zu Spinat oder Wildkräutersalat. Löwenzahn ist zur Konservierung nicht geeignet.
Gesundheit: Löwenzahn ist eine der vielseitigsten Heilpflanzen. Jeder Pflanzenteil besitzt Heilkraft. Der Teeaufguss dient der Blutreinigung und Verdauungsförderung.

> *Schon gewusst?*
> Heute ist Löwenzahn auch als Kulturpflanze auf dem Markt erhältlich. Früher wurde aus der Wurzel Ersatzkaffee hergestellt.

Majoran
Origanum majorana – Lippenblütler (Wurstkraut)

Merkmale: Majoran ist ein 20 bis 40 cm hohes Gartenkraut mit kleinen, graufilzigen Blättchen und weißen oder rosa Blüten. Er unterscheidet sich mit seinem feinen Aroma deutlich vom weniger aromatischen heimischen Dost (*O. vulgare*). Die Blütezeit ist Juni und Juli. Man unterscheidet ein- und mehrjährige Sorten. Beide sind frostempfindlich.

Verwendung: Man erntet frische Blätter vor und während der Blüte. Frische Zweige eignen sich zum Einlegen in Essig und Marinaden. Beste Würzkraft besitzt das gerebelte oder pulverisierte Trockenkraut. Man verwendet es zu Bratensoßen, Hülsenfrüchten, Pilzen, Füllungen, Schmalz, Wurst und Geflügel.

Gesundheit: Ein unverzichtbares Küchenkraut, das fette Speisen verdaulicher macht und gegen Blähungen wirkt.

Wilde Malve
Malva silvestris – Malvengewächs

Merkmale: Die Wilde Malve wächst weit verbreitet auf Wiesen und in Gärten. An den 20 bis 80 cm hohen, behaarten Stängeln sitzen raue, meist fünflappige, gekerbte Blätter und in den Blattachseln die rosa bis lila Blüten. Die mehrteiligen Früchte zerfallen bei der Reife in einzelne Teile.
Die Wegmalve (*M. neglecta*) ist gleich in der Verwendung. Sie ist kleiner und weiß bis rosa blühend.

Verwendung: Ernte der Knospen im Frühjahr, der Blätter und Jungtriebe vor und während der Blüte. Man verwendet die Knospen eingelegt als Kapern, die Blätter und Triebe als Gemüse und Salat.

Gesundheit: Bekannt ist der Malventee, der durch seine Schleimstoffe auf die oberen Atemwege wirkt. Er hat beruhigende, schleimlösende und entzündungshemmende Wirkung.

Minze

Mentha × piperita, M. aquatica – Lippenblütler (Pfeffer-, Wasserminze)

Merkmale: Die Minzen sind eine sehr formenreiche Gattung. Alle Arten unterscheiden sich in Aussehen, Größe, Aroma und Qualität. Es gibt stark und wenig mentholhaltige Minzen und Nicht-Edelminzen. Die Blüten sind blasslila und endständig oder stehen in den Blattachseln. Die Blütezeit ist bei den einzelnen Arten unterschiedlich. Der Stängel ist vierkantig und trägt hoch aromatische Blätter, die oval oder lanzettlich, gekerbt und manchmal filzig sind. Fast alle Minzen lieben feuchte Böden.

Von den wild wachsenden Arten sind nur die Pfeffer- und die Wasserminze zu empfehlen. Die Ackerminze (*M. arvensis*) und die Rossminze (*M. longifolia*) sind zum Verzehr ungeeignet wegen ihres dumpfen Aromas.

Verwendung: Man erntet Blätter und Triebspitzen vor und während der

> **Schon gewusst?**
> Die bekanntesten Minzarten, die angebaut werden, sind die Rundblättrige Minze (*M. suaveolens*), die Bowles- oder Apfelminze (*M. × rotundifolia*) und die Marokkanische Minze (*M. spicata var. crispa*).

Blüte. Das frische Kraut würzt Lammsoßen, Chutneys und Süßspeisen. Getrocknet ist es gut in Würzmischungen und für Duftsäckchen. Die Blüten dienen zur Dekoration.
Gesundheit: Pfefferminztee wirkt appetitanregend, beruhigend, krampflösend und gegen Blähungen.

Wilder Pastinak
Pastinaca sativa – Doldengewächs (Hammelmöhre)

Merkmale: Der Wilde Pastinak ist im Unterschied zum kultivierten Wurzelgemüse eine dauerhafte, 30 bis 100 cm hohe Wiesenpflanze. Am gerillten Stängel wachsen große, gefiederte Blätter. Die Blütendolde ist gelbgrün und erscheint im Juli und August. Wie die gesamte Pflanze hat die Wurzel ein leicht herbes bis süßliches, möhrenähnliches Aroma.

Verwendung: Man erntet junge Blätter und Blütendolden im Sommer, Wurzeln bis zum Herbst. Die jungen Blätter eignen sich für Spinat und Gemüse. Wegen des leicht herben Aromas werden sie am besten mit anderen Gemüsekräutern gemischt. Die Blütendolde kann ähnlich wie Holunderblüten in Ausbackteig gebacken werden. Die Wurzeln sind leicht holzig, kräftiger im Geschmack als Möhren und als Aromagemüse geeignet.

Gesundheit: Der Pastinak wirkt verdauungsfördernd und entwässernd.

Petersilie
Petroselinum crispum – Doldengewächs

Merkmale: Petersilie ist bei uns die bekannteste kultivierte Gewürzpflanze. Sie hat glatte oder krause Fiederblätter und kann mit ihren grünlichen Blütendolden bis zu 80 cm Höhe erreichen. Die Gartenpflanze treibt zweijährig Samen. Für Neuaussaat sollte der Standort geändert werden. Die Petersilienwurzelpflanze (*P. crispum* var. *tuberosum*) bildet eine größere Wurzel, die als Gemüse verwendet wird und winterhart ist.

Verwendung: Man erntet ganze Stängel mit Blättern vor dem Aufblühen. Ein Kappen der Blüten regt den Nachtrieb des Krautes an. Das frische Kraut ist vielseitig und passt zu Suppen, So-

ßen, Fisch, Kräuterbutter, Quark und Pilzen. Es ist für fast alle Kräutermischungen geeignet, ebenso zum Trocknen und Einfrieren. Aus den Wurzeln kocht man Wurzelsud.
Gesundheit: Petersilie ist stark Vitamin C-haltig. Sie wirkt krampflösend, appetitanregend, blutreinigend, harnregulierend und verdauungsfördernd. Frisch gekaut wirkt sie gegen schlechten Atem.

Pimpinelle
Sanguisorba minor – Rosengewächs
(Kleiner Wiesenknopf, Becherblume)

Merkmale: Die Pimpinelle ist eine kleine, buschig wachsende Wiesen- und Gartenpflanze mit unpaarig gefiederten, ovalen, leicht gezackten Blättchen und winzigen roten Blüten in Köpfchen, die von Mai bis August zu sehen sind. Sie wird 20 bis 40 cm hoch. Die Pimpinelle besitzt ein feines, gurkenähnliches Aroma.
Achtung! Die Blätter der Pflanze haben große Ähnlichkeit mit der Bibernelle (*Pimpinella saxifraga*) und dem Großen Wiesenknopf (*S. officinalis*). Beide sind wild wachsende Wiesenkräuter und ebenfalls essbar.
Verwendung: Man kann die Blättchen ständig ernten und die Blüten kappen, um den Nachtrieb anzuregen. Das frische Kraut passt gut zu Suppen, Salaten, Quark, Eiern und Grüner Soße und ist auch zum Garnieren geeignet. Konservierung ist nicht möglich.
Gesundheit: Die Pimpinelle ist sehr vitaminhaltig und wirkt verdauungsanregend.

Schon gewusst?
Das Gurkenaroma der Pimpinelle wird nach Regengüssen noch verstärkt. Sonst wird bei Kräutern durch Regen meist das Aroma abgeschwächt.

Portulak
Portulaca oleracea – Portulakgewächs

Merkmale: Portulak ist ein einjähriges Gartenkraut mit ovalen Blättern an aufsteigenden oder niederliegenden, rötlichen, saftigen Stängeln. Er blüht von Juni bis September mit gelblichweißen Blüten in den Blattachseln. In südlichen Ländern ist Portulak ein wild wachsendes (Un-)Kraut. Winterportulak sät man im August und September aus.
Verwendung: Die jungen, leicht salzig schmeckenden Blätter werden vor der Blüte geerntet und für Salat oder Salatsoßen verwendet; ältere eignen sich für Suppen und Spinat. Sie werden immer nur kurz gegart. Portulak ist gut einzulegen in Essig, aber ungeeignet zum Trocknen.
Gesundheit: Wirkt appetitanregend und harntreibend.

Quendel
Thymus serpyllum – Lippenblütler (Feld-, Sandthymian)

Merkmale: Der heimische Quendel ist ein wilder Thymian. Die kriechende oder auch bis zu 30 cm aufsteigende, hocharomatische Gewürzpflanze gibt es in vielen Variationen. Sie wächst auf trockenen Wiesen und Böschungen und trägt zarte rosalila oder weiße Blüten und kleine ovale Blättchen am teilweise holzigen Stängel. Die Blütezeit ist Mai bis Oktober. Die Pflanze ist wärmeliebend und auch als Steingartenpflanze verbreitet. Quendel ist herber und bitterer als Echter Thymian (*T. vulgaris*, siehe Seite 112), in der Verwendung aber gleich.
Verwendung: Geerntet werden Blättchen oder ganze Stängel vor oder während der Blüte mit einer Schere, da sonst die Wurzeln leicht mit ausgerissen werden. Frisches Kraut passt zu

Pizza, Spaghettisoßen, Lamm und Schweinebraten. Trockenkraut ist stärker im Aroma, ansonsten aber gleich in der Verwendung. Quendel ist gut geeignet zum Einlegen in Essig, auch als Marinade, außerdem als Mischkraut für Kräuterduftsäckchen.
Gesundheit: Tee aus Thymian oder Quendel wirkt beruhigend, gegen Husten, Blähungen und Verdauungsstörungen.

Rauke, Rucola
Eruca sativa – Kreuzblütler
(Öl-, Senfrauke)

Merkmale: Die Rauke ist unter dem italienischen Namen Rucola bei uns zu neuer Beliebtheit gelangt. Die hoch aromatische, bis 50 cm hoch aufschießende Salatpflanze blüht weiß oder gelb, die Samen (Senfkörner) reifen in Schoten heran und säen sich selbst aus. Die Pflanze ist etwas frostempfindlich und einjährig.
Verwendung: Man erntet die jungen Blätter vor der Blüte. Gut abgedeckt oder in Kästen kann bis in den Winter geerntet werden. Ältere Blätter werden leicht bitter. Das frische Kraut findet Verwendung in unzähligen italienischen Rezepten. Es wird als Salat oder in Form von Pesto hauptsächlich frisch verwendet oder bei warmen Soßen nur sehr kurz mitgekocht. Das Trocknen von klein geschnittenen Blättern ist möglich, sie eignen sich für Pastasoßen. Aus den Samen gewinnt man in Asien Senf und Öl.
Gesundheit: Die Rauke gilt als Heilkraut gegen Frühjahrsmüdigkeit und Appetitlosigkeit.

> *Schon gewusst?*
> Man findet das typische Raukearoma ebenso bei der gelb blühenden Strandrauke oder Meersenf (Cakile maritima). Die Pflanze wächst, wie ihr Name schon sagt, in Küstengebieten.

Rosmarin
Rosmarinus officinalis – Lippenblütler

Merkmale: Rosmarin ist eine immergrüne, dauerhafte Gewürzpflanze mit starkem Aroma. Sie wird in warmen Ländern 2 bis 3 Meter, bei uns in kultivierter Form nur 40 bis 80 cm hoch. Sie blüht zartlila, blassblau oder weißlich von Mai bis Juni und ist nur wenig frostempfindlich.
Verwendung: Die tannennadelartigen

Blätter kann man ganzjährig ernten. Frisch oder getrocknet passen sie zu Lamm-, Bohnen-, Fisch- und Kartoffelgerichten und eignen sich sogar zum Würzen von Süßspeisen. Rosmarin ist Bestandteil der Kräutermischung „Herbes de Provence" (siehe Seite 77). Frische Zweige sind hervorragend zum Einlegen in Essig und Marinaden geeignet.

Gesundheit: Rosmarin ist ein äußerst vielseitiges Heilkraut. Es wirkt appetit- und verdauungsanregend, krampflösend und gilt als nervenstärkend. Während der Schwangerschaft sollte Rosmarin jedoch nur wenig genossen werden.

Salbei
Salvia officinalis – Lippenblütler

Merkmale: Salbei ist ein immergrüner Gewürz- und Zierstrauch, der bis 1 m hoch werden kann. Am holzigen Stängel wachsen mattsamtig behaarte, ovale Blätter, die ein herb-bitteres Aroma haben. Die Blüten sind lilablau, mitunter auch rosa oder weiß, und erscheinen von Mai bis Juli. Salbei liebt trockene Wärme und ist frostunempfindlich.

Achtung! Der bei uns wild wachsende Wiesensalbei (*S. pratensis*) ist nicht für die Küche geeignet.

Verwendung: Die Blätter oder Jungtriebe werden vor der Blüte geerntet. Als frisches oder getrocknetes Gewürzkraut passt Salbei zu kräftigen Hammel- oder Schweinebraten, Leber, Aal, Omelette und „Saltimbocca à la romana" (Kalbsschnitzel mit Schinken), das durch Salbei seine typische

Geschmacksnote erhält. Trockenkraut besitzt noch stärkeres Aroma als frisches. Das intensive Aroma ermöglicht sparsamen Gebrauch. Gut geeignet zum Einlegen in Essig, Öl oder Fruchtgelees. Einfrieren ist nicht notwendig, da Salbei ganzjährig zu ernten ist.
Gesundheit: Getrocknet für Tee, gilt er als verdauungsförderndes, galletreibendes, schweißhemmendes Heilkraut. Salbei enthält in geringem Maße Phytoöstrogen, das ähnlich wie Östrogen wirkt.

Sauerampfer

Rumex acetosa, R. acetosella, R. rugosus – Knöterichgewächs (Roter Heinrich)

Merkmale: Die heimischen, wilden Sauerampferarten werden 10 bis 80 cm hoch und haben pfeilförmige Blätter und kleine rispenartige Blüten, die wie der Stängel rötlich sind. Sie sind auf feuchten Wiesen weit verbreitet oder werden im Garten kultiviert. Der saure Geschmack nimmt mit dem Alter der Pflanze zu. Die Blütezeit der Wiesenpflanze ist von Mai bis Juli. Als Gartenkräuter werden viele unterschiedliche Sorten des Sauerampfers angeboten. Die Kulturpflanzen treiben meist keine Blüte.

schon gewusst?
Auch der Sauerklee (Oxalis acetosella), eine Waldpflanze, schmeckt sauer; er enthält noch mehr Oxalsäure als der Sauerampfer. Heute ist Sauerklee stark vom Sauerampfer verdrängt, der leichter zu ernten und weitaus ergiebiger ist.

Verwendung: Die Ernte der bevorzugt jungen Blätter ist oft schon ab März möglich. Frische Blätter eignen sich für Suppen, Soßen, Spinat, Salat, Kräuterbutter und grüne Soßen. Sauerampfer sollte nicht lange gekocht werden. Einfrieren ist bis höchstens 2 Monate möglich. Zum Trocknen ist Sauerampfer ungeeignet.
Gesundheit: Sauerampfer wirkt blutreinigend bei Frühjahrskuren. Von zu großen Mengen frischen Krautes wird abgeraten, da sich die enthaltene Oxalsäure negativ auf die Nierentätigkeit auswirken kann. Kinder sollten nur wenig Sauerampfer essen.

Schafgarbe
Achilla millefolium – Korbblütler (Garbenkraut, Tausendblatt)

Merkmale: Die Schafgarbe ist eine weit verbreitete, 30 bis 80 cm hohe Gewürz- und Heilpflanze, die als Staude auf Wiesen wächst. Am behaarten Stängel sitzen versetzt längliche, fein gefiederte, herb-aromatische Blätter. Die Pflanze blüht weiß oder hellrosa mit einer Trugdolde von Juni bis Oktober.
Verwendung: Frische Blätter werden ab März geerntet und passen zu Frühlingskräutermischungen, Quark, Suppen, Soßen und Kräuterbutter. Konservierung ist nicht möglich.
Gesundheit: Tee oder Presssaft aus Schafgarbe wirken appetit- und stoffwechselanregend und gegen Magen- und Darmstörungen.

Schlüsselblume
Primula veris, P. elatior – Primelgewächs (Primel, Himmelsschlüssel)

Merkmale: Die Echte und die Hohe Schlüsselblume sind zwei wohl bekannte, 10 bis 30 cm hohe, gelbdoldig blühende Heil-, Gewürz- und Zierpflanzen, die auf Wiesen und im Wald wachsen. Die runzelig welligen, leicht eingerollten Blätter bilden eine Blattrosette am Boden. Die Pflanzen blühen von März bis Mai.
Verwendung: Man erntet junge Blätter für Wildkräutersalat, Spinat und Suppen. Blüten sind gut in Essig einzulegen und zur Dekoration geeignet.
Gesundheit: Teeaufguss wirkt blutreinigend, beruhigend und schmerzstillend.

> *Schon gewusst?*
> *Die Hohe Schlüsselblume unterscheidet sich von der Echten Schlüsselblume durch die hellere Blütenfarbe, den schwächeren Duft und die frühere Blüte. Beide Arten stehen unter Naturschutz!*

Schnittlauch

Allium schoenoprasum – Liliengewächs

Merkmale: Bevor die Wiesen grünen, schießt deutlich sichtbar der wilde Schnittlauch empor. Die grünen hohlen Halme werden bis zu 30 cm lang und verlieren nach einiger Zeit ihre Zartheit. Wilder Schnittlauch gelangt nicht zur Blüte und ist von kräftigerem Aroma als der kultivierte Schnittlauch. Dieser treibt Blüten und man kann ihn ganzjährig in Töpfen und im Garten ernten. Beide sind mehrjährig. Die Blütezeit des Gartenschnittlauchs ist von Mai bis August.

Der **Schnitt-Knoblauch** (*A. ramosum*, *A. tuberosum*), die breitblättrige, winterharte Kulturpflanze aus China mit mildem Knoblaucharoma, ist sehr ähnlich in der Verwendung.

Verwendung: Man schneidet die Blätter vor der Blüte und kappt diese, um länger – bis zum Frostbeginn – ernten zu können. Schnittlauch wird am besten frisch direkt nach der Ernte verwendet. In Röllchen geschnitten ist Schnittlauch gut einzufrieren. Das Selbsttrocknen gelingt nur mit frisch geschnittenen Blättern unter guten Bedingungen (trocken, warm, dunkel). Die Blüten sind eine hübsche Dekoration. Bei der Verwendung gibt es fast keinen Unterschied zwischen Wiesen- und Gartenschnittlauch.

Gesundheit: Schnittlauch wirkt appetitanregend, verdauungsfördernd und blutdrucksenkend.

Schwarznessel
Perilla frutescens – Lippenblütler
(Chinesische Melisse, Japanischer Shiso)

Merkmale: Shiso oder Schwarznessel ist ein Würz-, Heil- und Zierkraut aus Ostasien. Die großblättrige Staude gibt es wie Basilikum in Grün und Dunkellila. Die Blüten sind rosalila. Das Aroma ähnelt einer Mischung aus Zitronenmelisse, Minze und Koriandergrün. Die Pflanze ist nicht winterhart. Sie ist bei uns wenig verbreitet, aber es lohnt sich sie kennenzulernen.
Verwendung: Besonders in Japan werden die aromatischen Blätter für Sushi, Reisgerichte und Tee verwendet.
Gesundheit: Wirkt gegen Erbrechen, krampflösend und beruhigend.

Selleriekraut
Apium graveolens – Doldengewächs

Merkmale: Der Blattsellerie als Gartenkraut hat nur eine kleine Wurzelknolle. Die Blätter sind groß gefiedert und die Blattstiele teilweise rötlich.

Verwendung: Man erntet die jungen Blätter, ältere werden bitterer. Sellerie ist vielseitig und passt als frisches und getrocknetes Kraut zu Suppen und Soßen, gerebelt und gemahlen zu Gewürzpulver und Kräutersalz. Es ist gut geeignet zum Einfrieren.
Gesundheit: Wirkt appetitanregend, harntreibend, nervenstärkend und gilt als Aphrodisiakum. Bei Nierenerkrankungen sollte Selleriekraut mit Vorsicht genossen werden.

> *Schon gewusst?*
> Seit alters her ist Sellerie eines der wichtigsten Würzkräuter. Die Urpflanze ist der Knollensellerie. Heute werden Stangen-, Bleich- und Schnitt- oder Blattsellerie als unterschiedliche Kulturpflanzen angebaut.

Stevia
Stevia rebaudiana – Korbblütler
(Honigblatt, Süßblatt)

Merkmale: Stevia ist eine subtropische Aromastaude, die bei uns in Töpfen oder Kübeln kultiviert wird. Die 3 bis 8 cm langen Blätter besitzen stärkere Süßkraft als Zucker. Die Pflanze bringt ab Oktober kleine weiße Blüten hervor. Das Kappen der Blüten verstärkt die Staudendichte.

Verwendung: Ernte der Blätter im September. Ältere Blätter süßen stärker. Die Blätter sind als Süßstoff für fast alle Speisen und Getränke geeignet. Länger mitkochen oder ziehen lassen. Stevia lässt sich gut trocknen, rebeln und zu Süßpulver mahlen.

Gesundheit: Stevia gilt als Grundlage für Süßextrakte und darüber hinaus als Heilmittel gegen Karies, Zahnfleischbluten und Hautekzeme.

> *Schon gewusst?*
> *Der Handel mit Stevia als Süßungsmittel ist in der EU verboten. Das Verbot von Steviaprodukten bezieht sich jedoch nicht auf Kulturpflanzen.*

Taubnessel
Lamium album, L. maculatum – Lippenblütler (Bienen-, Honigblume)

Merkmale: Die Weiße und die Gefleckte Taubnessel sind weit verbreitete, 30 bis 70 cm hohe Wildkräuter. Am vierkantigen Stängel wachsen gekerbte Nesselblätter, die nicht brennen und kein typisches Eigenaroma besitzen, und weiße bzw. lila gefleckte Blüten in den Blattachseln. Blütezeit ist April bis September. Taubnesseln sind nicht verwandt mit der Brennnessel.

Verwendung: Die jungen Blätter werden als Mischkraut zusammen mit anderen Wildkrautblättern für Blattsalate,

Wildspinat oder Suppen verwendet.
Gesundheit: Getrocknet für Tee geeignet, der gegen Husten und Atemwegbeschwerden wirkt.

Thymian
Thymus vulgaris – Lippenblütler

Merkmale: Thymian ist eine beliebte Gewürzpflanze, die bis 40 cm hoch wird. Er blüht rosa-lila und hat kleine, hocharomatische Blättchen an verzweigten Stängeln. Gartenthymian wird in unterschiedlichen Aromasorten kultiviert – es gibt Orangen-, Zitronen-, Kümmel- und goldenen Thymian. Man unterscheidet außerdem den frostempfindlichen Sommer- und den winterharten Winterthymian. Der heimische Quendel (*T. serpyllum*, siehe Seite 104 f.) ist sehr ähnlich, aber herber im Aroma.
Verwendung: Man erntet die Blättchen vor und während der Blüte, die Blüten dienen als Speisedekoration. Thymian ist wichtiger Bestandteil der „Herbes de Provence" (siehe Seite 77). Das Trockenkraut ist noch aromatischer als frischer Thymian. Es verleiht Lamm-, Geflügel- und Wildgerichten sowie Spaghettisoßen und Pasteten die richtige Geschmacksnote. Gut geeignet zum Einlegen in Essig und Marinaden, auch als Mischkraut für Duftsäckchen. Einfrieren ist nicht nötig, weil Thymian ganzjährig zu ernten ist.
Gesundheit: Thymian ist eine Heil- und Teepflanze, die den Stoffwechsel anregt und die Verdauung fördert.

Waldmeister
Galium odoratum – Rötegewächs

Merkmale: Der Waldmeister ist eine zarte, bis 30 cm hohe Aromapflanze, die in schattigen Laubwäldern wächst. Am vierkantigen Stängel wachsen feine Blättchen im Quirl. An der Spitze stehen die kleinen weißen Blüten. Die Blütezeit ist von April bis Juni. Der typische Waldmeisterduft erfüllt oft ganze Waldgebiete.
Verwendung: Man erntet die Pflanze vor der Blüte und verwendet das

> **Schon gewusst?**
> Waldmeister ist auch bekannt als Duftkraut gegen Motten. Das enthaltene Kumarin findet sich noch stärker im Steinklee, der ansonsten aber kein Küchenkraut ist.

leicht getrocknete Kraut für Süßspeisen, Bowlen und Likör.
Gesundheit: Waldmeister enthält Kumarin. Teeaufguss wirkt gegen Kopfschmerzen und Durchblutungsstörungen. Größere Mengen verursachen jedoch Unbehagen.

Wegerich
Plantago lanceolata, P. major – Wegerichgewächs (Rippenkraut)

Merkmale: Die Wegerich-Arten sind sehr verbreitete, ausdauernde Wiesenkräuter in unterschiedlichen Formen. Der bis 50 cm hohe Spitzwegerich und der bis etwa 30 cm hohe Breitwegerich sind bei uns am häufigsten. Die parallel geaderten, meist in einer bodenständigen Rosette angeordneten Blätter sind beim Spitzwegerich lanzettlich gestreckt, beim Breitwegerich breiter, festfaseriger und flach liegend. Der Mittlere Wegerich (*P. media*) ist, wie der Name vermuten lässt, in der Form ein „Mittelding" zwischen Spitz- und Breitwegerich. Wegerich blüht grünlich oder dumpf rosa und unscheinbar, aber wohlriechend in langer oder gedrungener Ähre mit Staubfäden. Blütezeit ist von Mai bis Oktober. Die Blätter sind leicht bitter im Geschmack.
Verwendung: Man erntet sehr junge Blätter vorzugsweise vom Spitzwegerich, der zarter ist, vor oder während der Blüte. Besonders im Frühjahr ist er ein ergiebiges Mischkraut für Wildspinat, Blattsalate und Suppen.
Gesundheit: Die Pflanze enthält Kieselsäure, die die Abwehrkräfte stärkt und Entzündungen hemmt. Tee aus frischem oder getrocknetem Kraut wirkt gegen Husten und Bronchitis.

Wiesenschaumkraut
Cardamine pratensis – Kreuzblütler (Wiesenkresse, Kuckucksblume)

Merkmale: Die rosa, zartlila oder weiß blühende Blume bedeckt oft ganze Wiesen wie ein Teppich. Blütezeit ist von April bis Juni. Der 15 bis 50 cm hohe Stängel trägt zusätzlich fein gefiederte Blättchen mit einem herbkressigen bis rettichartigen Aroma.
Verwendung: Dieses bitter-herbe Kraut kann nur als Mischkraut oder in klei-

nen Mengen als Aromakraut verwendet werden. Man erntet nur sehr junge Blättchen und Triebspitzen. Das herbe bis scharfe Aroma eignet sich für frische Gerichte wie Quark, Rohkost, Räucherfisch und Roastbeef. Es kann auch Meerrettich ersetzen. Die Blüten sind eine hübsche Dekoration.
Gesundheit: Die Pflanze enthält Vitamin C und Senföl. Sie wirkt harntreibend und regt den Stoffwechsel an. Bei größeren Mengen kann es zu Magenreizungen kommen.

Ysop
Hyssopus officinalis – Lippenblütler

Merkmale: Ysop ist eine Heil- und Gewürzpflanze aus dem südlichen Europa, die bei uns nicht wild wachsend zu finden ist. Sie wächst strauchartig, wird 30 bis 60 cm hoch, hat blaue oder rosaweiße Blüten und schmale, schwach bitter-aromatische Blätter. Die Pflanze ist winterhart und sät sich selbst aus. Die Blütezeit ist von Juli bis August.
Verwendung: Man erntet die Blätter und Jungtriebe vor oder während der Blüte. Das frische oder getrocknete Kraut würzt Suppen, Soßen, Salate, Gemüse, Fleisch und Hülsenfruchtgerichte sowie Quark, Chutneys und Konfitüren. Die Blüten dienen als essbare Dekoration. Geeignet für Kräutermischungen und gut einzufrieren. Sparsam in der Verwendung.
Gesundheit: Wirkt appetitanregend, verdauungsfördernd, gegen Husten und Halsschmerzen.

Zitronengras
Cymbopogon flexuosus – Süßgras
(Lemongras)

Verwendung: Zitronengras gewinnt bei uns in jüngster Zeit stark an Beliebtheit. Es handelt sich dabei um ein Gewürz-Süßgras mit hocharomatischen ätherischen Ölen, die durch Zitronen nicht erreicht werden können. Es wird in Töpfen oder Kübeln kultiviert, treibt bei uns aber keine Blüten. Zitronengras braucht viel Sonne und Dünger und ist nicht frosthart. Es gibt mehrere ähnliche Arten.
Verwendung: Die Halme werden entweder klein geschnitten oder „weichgeklopft" zum Mitkochen verwendet und passen zu asiatischen Reis- und Fleischgerichten. Kaum eine indonesische Soße, Chutney oder Marinade wird ohne Zitronengras zubereitet. Weitere Verwendung findet das aus Zitronengras gewonnene Zitronenöl in der Kosmetikindustrie.
Gesundheit: Wirkt galletreibend, blutdrucksenkend und beruhigend.

Zitronenmelisse
Melissa officinalis – Lippenblütler

Merkmale: Die Zitronenmelisse ist eine robuste, winterharte Garten- und Topfstaude. Sie wird bis zu 1 m hoch. An langen verzweigten Stängeln wachsen nesselartige Blätter mit frischem Zitrusaroma. Die kleinen Blüten sind zartblau, hellrosa oder gelblich weiß und erscheinen von Juni bis August.
Verwendung: Man erntet die Blätter vor und während der Blüte, die Blüten dienen als Garnierung. Frische Blätter passen gut zu Salaten, Lamm-, Geflügel-, Fisch- und Pilzgerichten, zu Kräutersoßen, Süßspeisen und Fruchtgelees. Sie sollten nicht lange gekocht und daher immer zuletzt beigegeben werden. Zum Trocknen, Einfrieren und Einlegen geeignet.
Gesundheit: Tee aus Zitronenmelisseblättern wirkt beruhigend.

Kurzbeschreibungen von selten verwendeten Kräutern und Mischkräutern

Ackerhellerkraut (Thlaspi arvense): Ähnlich wie Hirtentäschel.

Angelika (Angelica archangelica var. sativa): Große Doldenstaude mit ätherischen, darmregulierenden Ölen in der Wurzel.

Bachbunge (Veronica beccabunga): Uferpflanze mit scharf-bitterem Aroma zu Salat.

Bärenklau (Heracleum sphondylium): Weißdoldiges Mischkraut mit süßlichem Aroma, kann bei Hautkontakt Ekzeme verursachen.

Barbenkraut (Barbarea vulgaris): Gelb blühendes Frühjahrskraut mit kresseähnlichem Aroma.

Beinwell (Symphytum officinale): Borretschähnlich, größere Mengen sind jedoch leberschädigend und krebserregend.

Bibernelle, Kleine (Pimpinella saxifraga): Wiesenkraut mit kräftigem Eigenaroma für Salatsoßen, Quark und Kräuterbutter.

Brunelle, Braunelle (Prunella vulgaris): Mischkraut für Gemüse.

Eberraute (Artemisia abrotanum) – Herbes Würzkraut, ähnlich dem Beifuß. Sollte nur gelegentlich genossen werden.

Gänsefingerkraut (Potentilla anserina): Gelb blühendes, herbes Mischkraut.

Gänsefuß (Chenopodium album): Mildwürziges Mischkraut für Gemüse.

Guter Heinrich (Chenopodium bonus-henricus): Ähnlich wie Gänsefuß.

Hederich (Raphanus raphanistrum): Gelb blühender wilder Rettich mit beißendem Aroma.

Huflattich (Tussilago farfara): Gelb blühendes Mischkraut mit leicht salzigem Aroma.

Klette (Arctium lappa): Lila blühendes Mischkraut.

Knopfkraut, Franzosenkraut (Galinsoga parviflora): Junge Blätter und Triebe zu Wildspinat.

Löffelkraut (Cochlearia officinalis): Weiß blühendes Uferkraut mit Retticharoma.

Mädesüß (Filipendula ulmaria): Weiß blühendes süß-aromatisches Kraut mit Rispendolde. Bei Einnahme von Aspirin vermeiden.

Ochsenzunge (Anchusa officinalis): Blau blühendes Mischkraut. Nur in Maßen empfehlenswert.

Gänsefuß

Pfeilkresse (Lepidium draba): Weiß blühendes Salat- und Spinatkraut mit Kressearoma.

Queller (Salicornia europaea): Fleischiges Würzkraut auf salzhaltigen Böden in Küstennähe. Sollte bei Schilddrüsenproblemen und Bluthochdruck nicht gegessen werden.

Sauerklee (Oxalis acetosella): Wie Sauerampfer, aber weniger ergiebig.

Scharbockskraut (Ranunculus ficaria): Gelb blühende Frühlingsblume ohne typisches Eigenaroma, Blüten gut als Kapern einzulegen. Enthält das leicht giftige Protoanemonin, daher nur in geringen Mengen verwenden.

Tripmadam (Sedum reflexum): Gelb blühendes Mischkraut mit säuerlichem Aroma.

Vogelmiere (Stellaria media): Sternförmig weiß blühendes Mischkraut mit mildherbem Aroma.

Wegwarte (Cichorium intybus): Blau blühendes, bitteres Mischkraut (nur junge Blätter verwenden).

Weidenröschen (Epilobium angustifolium): Rotviolettes Mischkraut mit säuerlichem Aroma.

Wiesenbocksbart (Tragopogon pratensis): Gelb blühendes Mischkraut mit mildsüßem Aroma. Nur in kleinen Mengen konsumieren.

Wiesen-Knöterich, Schlangen-Knöterich, Floh-Knöterich (Bistorta officinalis, Persicaria maculosa): Pfefferscharfes Würzkraut mit rötlicher Ährenblüte.

Wiesenknopf, Großer (Sanguisorba officinalis): Vielseitiges Kraut mit dunklem Blütenkopf.

Wiesenkümmel (Carum carvi): Kraut mit weiß blühender Dolde, die zu Kümmelfrüchten reift.

Tripmadam

Alle Kräuter im Überblick

Name	Vorkommen	Ernte Teil; Monat
Ackersenf	Wiese, Feld	Junge Blätter; 4–6
Bärlauch	Wald	Blätter; 3–5
Basilikum	Topf, Markt, Garten	Blätter; ganzjährig
Beifuß	Wiese, Wegrand	Blütenknospen, Blätter getrocknet; 7–9
Bockshornklee	Topf, Markt	Keimlinge, junge Blätter, Samen; ganzjährig
Bohnenkraut	Garten, Topf	Blätter, Zweige; 6–10
Borretsch	Garten, Topf	Blätter, Blüten; 5–9
Brennnessel	Wiese	Blätter, Triebe, Samen; 3–9
Brunnenkresse	Bachufer, Markt	Blätter; 2–4 und 9–11
Dill	Garten, Topf	Blätter, Zweige, Dolden; 4–9, Samen; 8
Dost/Oregano	Wiese, Wegrand	Blätter; 4–10
Duftpelargonie	Topf	Blätter, Blüten; ganzjährig
Estragon	Garten, Topf	Blätter; 5–8
Fenchelkraut	Garten, Topf	Blätter, Samen; 6–9
Gänseblümchen	Wiese	Knospen, Blätter; 3–12
Gartenkresse	Garten, Topf	Blätter; 5–10
Giersch	Wiese	Blätter; 4–7
Gundelrebe	Wiese	Blätter; 4–7
Hirtentäschel	Wiese	Junge Blätter; 3–6
Hopfen	Ufernähe	Sprossen; 3–5, Zapfen; 6–8
Kapuzinerkresse	Garten	Knospen, Blätter, Blüten; 6–10
Kerbel	Garten, Topf	Blätter; 5–10
Knoblauch	Garten	Zwiebel/Knolle; 6–8
Knoblauchsrauke	Wald-, Wiesenrand	Blätter; 4–8
Koriander	Garten, Topf, Markt	Blätter; ab 6, Samen; 7–9
Lavendel	Garten, Topf	Blätter; ganzjährig, Blüten; 7–10
Liebstöckel	Garten, Kästen	Blätter; ab 5, Samen; ab 8
Lorbeer	Kübel	Blätter; 9–11
Löwenzahn	Wiese, Garten	Junge Blätter; 4–9

Verwendung	Konservierung
Mischkraut: Salate, Gemüse	Keine
Suppen, Pesto, Quark	Geschnitten trocknen
Pesto, Marinade, Fisch	Trocknen. Ganzjährig zu kaufen
Gans, Ente, Hammel	Trocknen
Quark, verschiedene Gerichte	Trocknen
Bohnen, Salate, Hülsenfrüchte, Wild	Trocknen, Einfrieren
Mischkraut: Salate, Fisch	Keine
Wildspinat, Salate, Suppen	Trocknen für Tee
Salate, Suppen, Quark	Keine
Salate, Soßen, Fisch, Quark, Gurken	Einfrieren, Trocknen
Pizza, Pasta, Fleisch	Einfrieren, Trocknen
Süßspeisen, Likör	Keine
Helle Soßen, Fisch, Essig	Einfrieren, Trocknen
Fischsuppen, Salate, Gemüse, Brot	Einfrieren bedingt, Samen trocknen
Kapern, Salate, Gemüse	Knospen einlegen als Kapern
Salate, Suppen, Fisch	Keine
Spinat, Gemüse, Suppen, Salate	Keine
Mischkraut: Salate, Gemüse, Suppen	Keine
Mischkraut	Keine
Ähnlich Spargel	Zapfen trocknen für Tee
Knospen als Kapern, Blätter zu Salaten	Knospen einlegen als Kapern
Helle Soßen, Gemüse, Suppen	Einfrieren
Kräutersoßen	Hält 6–8 Monate
Suppen, Pesto, Quark	Keine
Grüne Soßen, Fisch, Suppen, Geflügel	Kraut keine, Samen lagerfähig wie Pfeffer
Fisch, Lamm, Süßspeisen	Trocknen, Einlegen
Suppen, Gemüse, Fonds	Trocknen, Einfrieren, Kräutersalz
Soßen, Fisch, Marinaden	Trocknen
Salate	Keine

Alle Kräuter im Überblick
Fortsetzung

Name	Vorkommen	Ernte Teil; Monat
Majoran	Garten, Topf	Blätter; ab 6, Blüten; 7–9
Malve	Wiese, Garten	Knospen; ab 5, Blätter, Triebe; 5–9
Minze	Feuchtgebiet, Garten	Blätter; 5–9
Pastinak, Wilder	Wiese, Garten	Junge Blätter; ab 4, Blütendolde, Wurzel; 7–
Petersilie	Garten, Topf,	Kraut; 6–11
Pimpinelle	Garten, Topf	Blätter; 6–10
Portulak	Garten, Topf	Blätter; ab 6
Quendel	Trockene Wiesen	Blätter; 5–10
Rauke, Rucola	Garten, Topf, Markt	Blätter; ab 5
Rosmarin	Garten, Topf	Zweige, Nadeln; ganzjährig
Salbei	Garten	Blätter, Jungtriebe; ganzjährig
Sauerampfer	Wiese, Garten, Markt	Junge Blätter; 4–10
Schafgarbe	Wiese, Garten	Blätter; 3–8
Schlüsselblume	Wiese, Garten, Wald	Blätter; 3–5
Schnittlauch	Wiese, Garten, Topf, Markt	Blätter; 5–10, ganzjährig im Topf
Schwarznessel	Markt, Topf	Blätter; 5–10
Selleriekraut	Garten	Stängel; 6–9
Stevia	Markt, Topf	Blätter; 5–10
Taubnessel	Wiese, Wegrand	Junge Blätter; 3–6
Thymian	Garten, Topf	Blätter, Blüten; ganzjährig
Waldmeister	Wald	Junge Blätter; 4–5
Wegerich	Wiese, Wegrand	Junge Blätter; 3–8
Wiesenschaumkraut	Wiese, Waldrand	Junge Blätter; 3–4
Ysop	Garten, Topf	Blätter, Triebe; 6–10
Zitronengras	Topf, Markt	Halme; ganzjährig
Zitronenmelisse	Garten	Blätter, Zweige; 6–11

Verwendung	Konservierung
Soßen, Fleisch, Pilze, Pasteten, Marinaden	Trocknen
Knospen für: Kapern, Gemüse, Salate	Blüten trocknen für Tee
Lamm, Chutney, Süßspeisen	Trocknen für Tee, Einfrieren
Suppen, Spinat, Gemüse, Wurzel wie Möhre	Keine
Suppen, Soßen, Fisch, Pilze, Quark	Einfrieren, Trocknen
Salate, Quark, Grüne Soßen	Einfrieren
Salate, Suppen	Keine
Pizza, Spaghetti	Trocknen
Salate, Soßen	Geschnitten trocknen
Lamm, Ratatouille, Fisch, Süßspeisen	Trocknen
Hammel, Schwein, Leber, Aal	Trocknen
Suppen, Soßen, Salate, Kräuterbutter	Keine
Mischkraut: Quark, Kräuterbutter	Trocknen für Tee
Wildspinat, Salate	Keine
Suppen, Salate, Quark	Geschnitten einfrieren
Asiatische Speisen	Keine
Suppen, Soßen	Einfrieren, Trocknen
Süßspeisen	Trocknen
Mischkraut: Salate, Spinat	Trocknen für Tee
Lamm, Geflügel, Wild, Marinaden	Trocknen
Süßspeisen, Likör	Keine
Wildspinat, Salate	Keine
Quark, Rohkost, Räucherfisch	Keine
Hülsenfrüchte, Salate, Gemüse	Trocknen
Asiatische Speisen	Geschnitten trocknen
Salate, Geflügel, Kräutersoßen, Süßspeisen	Trocknen für Tee/Einfrieren bedingt

Verwendete Literatur

BEUTNER, Brigitte: Gewürze aus aller Welt in Garten und Küche. Verlag Eugen Ulmer, Stuttgart 1999.
CALLAUCH, Rolf: Gewürz- und Heilkräuter. Verlag Eugen Ulmer, Stuttgart 1998.
HLAVA, Bohumir und Lánská, Dagmar: Küchenkräuter. Karl Müller Verlag, Erlangen 1995.
HOLLERBACH, Elisabeth und Karl: Kraut und Unkraut zum Kochen und Heilen. Heinrich Hugendubel Verlag, München 1983.
KNOPHIUS, Heike: Das große Kräuterkochbuch. W. Ludwig Buchverlag, München 1999.
KREUTER, Marie-Luise: Kräuter. Die besten Arten und Sorten. BLV Verlag, München 2001.
LAMBERT ORTIZ, Elisabeth: Gewürze, Kräuter und Essenzen. Christian Verlag, München 1995.
NICKIG, Marion und Rau, Heide: Leckere Rezepte aus dem Kräutergarten. Ellert und Richter, Hamburg 1998.
ZACKER, Christina: Kräuter und Gewürze. Vielseitig und gesund. Seehamer Verlag, Weyarn 1999.

Wenn Sie mehr wissen wollen:

BROWN, Deni: DuMonts Große Kräuter- Enzyklopädie. Über 1000 Kräuter. DuMont, Köln 2001.
HIRSCH, Siegrid und Grünberger, Felix: Die Kräuter in meinem Garten. Freya Verlag, Unterweit 2001.
KÜHNEMANN, Helmut: Gemüse. 95 Gemüsearten und Kräuter aus naturgemäßem Anbau. Verlag Eugen Ulmer, Stuttgart 1993.
STEVENS, John: Kräuter im Garten. Verlag Eugen Ulmer, Stuttgart 1998.
WIEGELE, Miriam: Der Kräutergarten auf Balkon und Terrasse. Verlag Eugen Ulmer, Stuttgart 2000.

Register für Rezepte

Suppen 10
Bärlauchsuppe 17
Dill-Tomaten-Creme 16
Fenchelkrautsuppe mit Lauch 14
Fischsuppe 18
Frühlings-Wildkräuter-Suppe 12
Gartenkresse-Suppe 14
Gazpacho mit Kräutern 21
Gemüsesuppe mit Kresse 13
Grüner Eierstich 10
Kartoffel-Kräuter Suppe 12
Kerbelsuppe, fein 13
Kräuterbouillon 10
Minze-Erbsen-Suppe 18
Rote Linsen-Suppe mit Kräutern 20
Sauerampfersuppe 16
Sommer-Wildkräuter-Suppe 12
Tomaten-Kräuter-Consommé 16
Wontan-Suppe 10
Zucchini-Kräuter-Kaltschale 20

Salate 22
Brunnenkresse mit Feta und Croutons 23
Farfalle mit Bärlauchdressing 24
Hopfensprossensalat 22
Kartoffelsalat mit Kräutern 24
Löwenzahnsalat Französische Art 23
Wildkräutersalat 22

Vorspeisen und kleine Gerichte 25
Artischocke vinaigrette 26
Artischocken kalt mit Estragon-Kräuter-Dip 25
Artischocken warm mit Estragonsoße 26
Ausgebackene Kräuter 33
Avocado mit Bärlauch-Aioli 28
Bärlauch-Kartoffelbällchen 33
Bärlauchröllchen mit Kräuter-Frischkäse 34
Blätterteigtarte mit Kräuterquark 34
Champignons mit Kräuterbutter überbacken 26
Flusskrebse mit Kräutern 30
Frühlingseier 27
Gefüllte Tomaten mit Avocado-Kräuter-Creme 28
Kohlrabi-Kräuter-Carpaccio 33
Kräuterkäse 35
Kräuter-Tomaten 32
Lachstatar 28
Mozzarella Pizzaiola 26
Räucherfisch mit Kräutermousse 30
Rote Beete-Carpaccio mit Kräuter-Vinaigrette 32
Weiße Bohnen, gekräutert 27
Ziegenkäse-Bällchen 35

Vegetarische Hauptgerichte 36
Bratlinge mit Kräutern 42
Gemüse-Kräuter-Puffer 44
Kartoffel-Kräuter-Gratin 45
Kräuter-Couscous 41
Kräuter-Gnocchi 40
Kräuter-Omelette 38
Kräuterquark mit Pellkartoffeln 45
Kräuterrisotto 40
Ofenkartoffeln, gekräutert 45
Ravioli mit Bärlauchfülle 42
Risotto, rot 40
Rosmarin-Kartoffelkuchen 46
Spaghetti mit Auberginen-Kräuter-Sugo 42
Spargel mit Vinaigrette 38
Spinat aus Wildkräutern 36
Spinat-Lasagne 36
Zucchini mit Kräutern 37

Hauptgerichte mit Fleisch 48
Bärlauchrouladen 50
Hühnerbrust im Kräutermantel 50

Kaninchen Provencale 48
Kräuter-Quiche 48
Lamm mit Minzsoße 53
Schweinebraten Toscana im Römertopf 53
Spieß mit Salbei 53
Spinatknödel 51

Hauptgerichte mit Fisch 55
Dill-Rahm-Matjes 55
Fischauflauf mit Kräutern 55
Lachssteak in Dillsoße 56
Makrele mit Kräutern 58
Seezunge in Estragonsoße 56
Spaghetti mit Lachs und Kresse à la Mama 56
Zander, gekräutert 58

Kalte Soßen 59
Avocado-Kräuter-Creme 28
Bärlauch-Aioli 28
Bärlauchpaste 61
Bärlauchpesto 59
Basilikumpesto 59
Champignon-Kräuter-Creme 64
Estragon-Kräuter-Dip 25
Frankfurter Grüne Soße 60
Hummus mit Kräutern 62
Kräuter-Joghurt-Sauce 64
Kräuter-Mayo mit Bärlauch 62
Kräutermousse 30
Mayonnaise 62
Minzsoße 53
Mojo 60
Pesto genovese 59
Pesto rosso 59
Petersilie-Basilikum-Paste 61
Remoulade 63
Rucolapesto 59
Rucolapaste 62
Salsa verde 59
Sauce verte 60
Wiesenkräutercreme 63

Warme Soßen 65
Artischocken-Estragonsoße 26
Dillsoße 56
Estragonsoße 56
Kapernsoße mit Dill 66
Petersilienschaum 65
Sauce Béarnaise 65
Sauerampfersoße 66

Kräuterbutter 67
Bärlauchbutter 67
Estragonbutter mit Kapern 68
Kräuterbutter 68
Salbeibutter 67
Sauerampferbutter 67
Sauerkleebutter 68
Schnittlauchbutter 67

Desserts 69
Apfel-Götterspeise mit Kräutern 70
Kräuterlikör 72
Minz-Panna cotta 70
Minze-Vanillecreme mit Kräuterblüten 69
Sorbet mit Kräutern 69
Waldmeister-Schaumcreme 70
Zabaione mit Basilikum 72

Kräuter konservieren 73
Bouquet garni 77
Einfrieren von Kräutern 74
Fines herbes 77
Herbes de Provence 77
Kapern von Blütenknospen 76
Kräuteressig 74
Kräutermischungen 77
Kräuteröl 74
Kräuterpulver 73
Kräutersalz 74
Kräutersalzmischung 74
Marias Kräuter-Suppengewürz 77
Trocknen von Kräutern 73
Würze aus Liebstöckel 77

Register der Kräuter

*A*chilla millefolium 108
Ackerhellerkraut 116
Ackersenf 80
Aedopodium podagraria 91
Alliaria petiolata 96
Allium ramosum 109
Allium sativum 95
Allium schoenoprasum 109
Allium tuberosum 109
Allium ursinum 80
Anchusa officinalis 116
Anethum graveolens 86
Angelica archangelica 116
Angelika 116
Anthriscus cerefolium 94
Apium graveolens 110
Arctium lappa 116
Artemisia abrotanum 116
Artemisia dracunculus 88
Artemisia vulgaris 82

*B*achbunge 116
Bachkresse 85
Bärenklau 116
Bärenlauch 80
Bärlauch 80
Barbarea vulgaris 116
Barbenkraut 116
Basilienkraut 81
Basilikum 81
Becherblume 103
Beifuß 82
Beinwell 116
Bellis perennis 89
Bertram 88

Bibernelle, Kleine 116
Bienenblume 111
Bistorta officinalis 117
Blutkraut 92
Bockshornklee 82
Bohnenkraut 83
Borago officinalis 84
Borretsch 84
Braunelle 116
Brennnessel 85
Brunelle 116
Brunnenkresse 85

*C*apsella bursa-pastoris 92
Cardamine pratensis 113
Carum carvi 117
Chenopodium album 116
Chenopodium bonus-henricus 116
Chinesische Melisse 110
Cichorium intybus 117
Cochlearia officinalis 116
Coriandrum sativum 96
Cymbogon flexuosus 115

*D*ill 86
Dost 87
Duftgeranie 87
Duftpelargonie 87

*E*berraute 116
Eierkraut 88
Epilobium angustifolium 117
Eruca sativa 105
Estragon 88

*F*eldthymian 104
Fenchelkraut 89
Filipendula ulmaria 116
Fleischkraut 83
Floh-Knöterich 117
Foeniculum vulgare 89
Franzosenkraut 116

*G*alinsoga parviflora 116
Galium odoratum 112
Gänse-Besenkraut 82
Gänseblümchen 89
Gänsefingerkraut 116
Gänsefuß 116
Garbenkraut 108
Gartenkerbel 94
Gartenkresse 90
Geißfuß 91
Giersch 91
Glechoma hederacea 91
Großer Wiesenknopf 117
Gruserich 95
Gundelrebe 91
Gundermann 91
Gurkenkraut 84
Gurkenkümmel 86
Gurkenwürzkraut 86
Guter Heinrich 116

*H*ammelmöhre 102
Hederich 116
Heracleum sphondylium 116
Herzkraut 92
Himmelsschlüssel 108
Hirtentäschel 92
Honigblatt 110

125

Honigblume 111
Hopfen 93
Huflattich 116
Humulus lupulus 93
Hungerkraut 92
Hyssopus officinalis 114

*J*apanischer Shiso 110

*K*aiserkraut 88
Kapuzinerkresse 94
Katzenminze 91
Kerbel 94
Kleine Bibernelle 116
Kleiner Wiesenknopf 103
Klette 116
Knoblauch 95
Knoblauchsraute 96
Knofl 95
Knoflak 95
Knopfkraut 116
Königskraut 81
Koriander 96
Kuckucksblume 113
Kuhblume 99

*L*amium album/maculatum 111
Lauchhederich 96
Laurus nobilis 98
Lavendel 97
Lavendula angustifolia 97
Lemongras 115
Lepidium draba 117
Lepidium sativum 90
Levisticum officinale 98
Liebäuglein 84
Liebstöckel 98
Löffelkraut 116
Lorbeer 98
Löwenzahn 99

*M*ädesüß 116

Maggikraut 98
Majoran 100
Majoran, Wilder 87
Malva silvestris 100
Malve, Wilde 100
Melissa officinalis 115
Mentha aquatica 101
Mentha x piperita 101
Minze 101

*N*asturtium officinale 85

*O*chsenzunge 116
Ocimum basilicum 81
Ölrauke 105
Oregano 87
Origanum majorana 100
Origanum vulgare 87
Oxalis acetosella 117

*P*astinaca sativa 102
Pastinak, Wilder 102
Pelargonium graveolens 87
Perilla frutescens 110
Persicaria maculosa 117
Petersilie 102
Petroselinum crispum 102
Pfefferkraut 83
Pfefferminze 101
Pfeilkresse 117
Pimpinella saxifraga 116
Pimpinelle 103
Plantago lanceolata/major 113
Portulaca oleracea 104
Portulak 104
Potentilla anserina 116
Primel 108
Primula veris/elatior 108
Prunella vulgaris 116
Pusteblume 99

*Q*ueller 117
Quendel 104

*R*anunculus ficaria 117
Raphanus raphanistrum 116
Rauke 105
Rippenkraut 113
Rosmarin 105
Rosmarinus officinalis 105
Roter Heinrich 107
Rucola 105
Rumex acetosa/ acetosella/rugosus 107

*S*albei 106
Salicornia europaea 117
Salvia officinalis 106
Sandthymian 104
Sanguisorba minor 103
Sanguisorba officinalis 117
Satureja hortensis 83
Sauerampfer 107
Sauerklee 117
Schafgarbe 108
Scharbockskraut 117
Schlangen-Knöterich 117
Schlüsselblume 108
Schnitt-Knoblauch 109
Schnittlauch 109
Schusterkraut 87
Schwarznessel 110
Sedum reflexum 117
Selleriekraut 110
Senfkraut 80
Senfrauke 105
Sinapis arvensis 80
Sonnenwirbel 99
Stellaria media 117
Stevia 110
Stevia rebaudiana 110
Süßblatt 110
Symphytum officinale 116

*T*araxacum officinale 99
Taubnessel 111
Tausendblatt 108
Tausendschönchen 89
Thlaspi arvense 116
Thymian 112
Thymus serpyllum 104
Thymus vulgaris 112
Tragopogon pratensis 117
Trigonella foenum-graecum 82
Tripmadam 117
Tropaeolum majus 94
Tussilago farfara 116

*U*rtica dioica 85

*V*eronica beccabunga 116
Vogelmiere 117

*W*aldmeister 112
Wanzenkraut 96
Wasserkresse 85
Wasserminze 101
Wegerich 113
Wegwarte 117
Weidenröschen 117
Wermut, Wilder 82
Wiesenbocksbart 117
Wiesenknopf, Großer 117
Wiesenknopf, Kleiner 103
Wiesen-Knöterich 117
Wiesenkresse 113
Wiesenkümmel 117
Wiesenschaumkraut 113
Wilde Malve 100
Wilder Majoran 87
Wilder Pastinake 102
Wilder Wermut 82
Wurstkraut 100

*Y*sop 114

*Z*itronengras 115
Zitronenmelisse 115

Impressum
Die Deutsche Bibliothek – CIP-Einheitsaufnahme

Ein Titeldatensatz für diese Publikation ist bei Der Deutschen Bibliothek erhältlich.
ISBN: 3-8001-3273-7

Das Werk einschließlich aller seiner Teile ist urheberrechtlich geschützt. Jede Verwertung außerhalb der engen Grenzen des Urheberrechtsgesetzes ist ohne Zustimmung des Verlages unzulässig und strafbar. Das gilt insbesondere für Vervielfältigungen, Übersetzungen, Mikroverfilmungen und die Einspeicherung und Verarbeitung in elektronischen Systemen.

© 2002 Verlag Eugen Ulmer GmbH & Co.
Wollgrasweg 41,
70599 Stuttgart (Hohenheim)
E-Mail: info@ulmer.de
Internet: www.ulmer.de
Printed in Germany
Lektorat: Carola Hils, Ina Vetter
DTP und Herstellung: Silke Reuter
Druck: aprinta, Wemding

Haftung:
Die Autoren und der Verlag bemühen sich um richtige und zuverlässige Angaben. Fehler können dabei jedoch nicht vollständig ausgeschlossen werden. Eine Garantie für die Richtigkeit der Angaben kann daher nicht gegeben werden. Haftung für Schäden und Unfälle wird aus keinem Rechtsgrund übernommen.

Anregungen zum Selbermachen

Nahezu **100 Pilze** und ihre teilweise **gefährlichen „Doppelgänger"** werden in diesem Buch exakt beschrieben. Abgebildet werden junge sowie ausgewachsene Pilze, Ansichten von oben, von unten und aufgeschnitten. Die **hervorragenden Farbfotos** ermöglichen eine rasche, **sichere Bestimmung** bereits beim Sammeln. Selbstverständlich geben die Autoren auch **fundierte Ratschläge** zum Umgang mit Pilzen, zum Sammeln, Auswählen, Putzen und Verarbeiten.
Pilze sicher bestimmen – delikat zubereiten. R. und F. Volk. 2. Aufl. 2001. 192 S., 231 Farbfot. ISBN 3-8001-3656-2.

In diesem Buch erfahren Sie alles über neue und natürlich auch über die **altbewährten Kräuter**, über ihre Anzucht, die spezielle Pflege auf dem Balkon und im Zimmer, ihre Vermehrung und Ernte. Darüber hinaus finden Sie auch **Gestaltungsbeispiele** und **viele Rezepte**.
Die Autorin M. Wiegele ist Buchautorin zum Thema Phytotherapie und Seminarleiterin zu sämtlichen Bereichen der alternativen Heilmethoden.
Der Kräutergarten auf Balkon und Terrasse. M. Wiegele. 2000. 96 Seiten, 76 Farbfotos, 20 Zeichnungen. ISBN 3-8001-3135-8.

Fordern Sie kostenlose Zusatz-Infos

Noch mehr Wissen über

Heimtiere & Garten

(Gewünschtes bitte ankreuzen)

Schicken Sie mir bitte kostenlos informative Buchprospekte über:

- ☐ Haustiere
- ☐ Vögel
- ☐ Aquaristik/Terraristik
- ☐ Pflanzen & Gärten

Schicken Sie mir bitte kostenlos Ihren aktuellen E-Mail-Newsletter:

- ☐ Tiere
- ☐ Aquaristik/Terraristik
- ☐ Garten

E-Mail-Adresse

www.ulmer.de

Meine Adresse:

Vorname/Name

Straße/Nr.

PLZ/Ort

Tel.-Nr. (für Rückfragen)

Diese Karte habe ich entnommen aus:

Das Buch hat mir gefallen ☐ ja | ☐ nein,

weil:

Antwort

Verlag Eugen Ulmer
Kundenservice
Postfach 70 05 61
70574 Stuttgart

Bitte
freimachen.